国家"双一流"建设学科
辽宁大学应用经济学系列丛书
青年学者系列

总主编◎林木西

企业所有制性质
对环境规制效果影响研究

Research on the Effect of
Enterprise Ownership on Environmental Regulation

靳永辉　著

中国财经出版传媒集团
经济科学出版社
Economic Science Press

图书在版编目（CIP）数据

企业所有制性质对环境规制效果影响研究/靳永辉
著 . -- 北京：经济科学出版社，2021. 12
（辽宁大学应用经济学系列丛书 . 青年学者系列）
ISBN 978 - 7 - 5218 - 3230 - 3

Ⅰ. ①企…　Ⅱ. ①靳…　Ⅲ. ①企业制度 - 影响 - 环境
政策 - 研究 - 中国　Ⅳ. ①F279. 21②X - 012

中国版本图书馆 CIP 数据核字（2021）第 250204 号

责任编辑：于　源　姜思伊
责任校对：徐　昕
责任印制：范　艳

企业所有制性质对环境规制效果影响研究

Research on the Effect of Enterprise Ownership on Environmental Regulation

靳永辉　著

经济科学出版社出版、发行　新华书店经销

社址：北京市海淀区阜成路甲 28 号　邮编：100142
总编部电话：010 - 88191217　发行部电话：010 - 88191522
网址：www. esp. com. cn
电子邮箱：esp@ esp. com. cn
天猫网店：经济科学出版社旗舰店
网址：http://jjkxcbs. tmall. com
北京季蜂印刷有限公司印装
710 × 1000　16 开　13 印张　190000 字
2022 年 9 月第 1 版　2022 年 9 月第 1 次印刷
ISBN 978 - 7 - 5218 - 3230 - 3　定价：56. 00 元
（图书出现印装问题，本社负责调换。电话：010 - 88191510）
（版权所有　侵权必究　打击盗版　举报热线：010 - 88191661
QQ：2242791300　营销中心电话：010 - 88191537
电子邮箱：dbts@ esp. com. cn）

本丛书为国家"双一流"建设学科"辽宁大学应用经济学"系列丛书，也是我主编的第三套系列丛书。前两套系列丛书出版后，总体看效果还可以：第一套是《国民经济学系列丛书》（2005年至今已出版13部），2011年被列入"十二五"国家重点出版物出版规划项目；第二套是《东北老工业基地全面振兴系列丛书》（共10部），在列入"十二五"国家重点出版物出版规划项目的同时，还被确定为2011年"十二五"规划400种精品项目（社科与人文科学155种），围绕这两套系列丛书取得了一系列成果，获得了一些奖项。

主编系列丛书从某种意义上说是"打造概念"。比如说第一套系列丛书也是全国第一套国民经济学系列丛书，主要为辽宁大学国民经济学国家重点学科"树立形象"；第二套则是在辽宁大学连续主持国家社会科学基金"八五"至"十一五"重大（点）项目，围绕东北（辽宁）老工业基地调整改造和全面振兴进行系统研究和滚动研究的基础上持续进行探索的结果，为促进我校区域经济学学科建设、服务地方经济社会发展做出贡献。在这一过程中，既出成果也带队伍、建平台、组团队，使得我校应用经济学学科建设不断跃上新台阶。

主编这套系列丛书旨在使辽宁大学应用经济学学科建设有一个更大的发展。辽宁大学应用经济学学科的历史说长不长、说短不短。早在1958年建校伊始，便设立了经济系、财税系、计统系等9个系，其中经济系由原东北财经学院的工业经济、农业经济、贸易经济三系合成，财税系和计统系即原东北财经学院的财信系、计统系。1959年院系调整，将经济系留在沈阳的辽宁大学，将财税系、计统系迁到大连组建辽宁财经学院（即现东北财经大学前身），将工业经济、农业经济、贸易经济三个专业的学生培养到毕业为止。由此形成了辽宁大学重点发展理论经济学（主要是政治经济学）、辽宁财经学院重点发展应用经济学的大体格局。实际上，后来辽宁大学也发展了应用经济学，东北财经大学也发展了理论经济学，发展得都不错。1978 年，辽宁大学恢复招收工业经济本科生，1980 年受人民银行总行委托、经教育部批准开始招收国际金融本科生，1984 年辽宁大学在全国第一批成立了经济管理学院，增设计划统计、会计、保险、投资经济、国际贸易等本科专业。到 20 世纪 90 年代中期，辽宁大学已有西方经济学、世界经济、国民经济计划与管理、国际金融、工业经济 5 个二级学科博士点，当时在全国同类院校似不多见。1998 年，建立国家重点教学基地"辽宁大学国家经济学基础人才培养基地"。2000 年，获批建设第二批教育部人文社会科学重点研究基地"辽宁大学比较经济体制研究中心"（2010 年经教育部社会科学司批准更名为"转型国家经济政治研究中心"）；同年，在理论经济学一级学科博士点评审中名列全国第一。2003 年，在应用经济学一级学科博士点评审中并列全国第一。2010 年，新增金融、应用统计、税务、国际商务、保险等全国首批应用经济学类专业学位硕士点；2011 年，获全国第一批统计学一级学科博士点，从而实现经济学、统计学一级学科博士点"大满贯"。

在二级学科重点学科建设方面，1984 年，外国经济思想史（即后来的西方经济学）和政治经济学被评为省级重点学科；1995 年，西方经济学被评为省级重点学科，国民经济管理被确定为省级重点扶持学科；1997 年，西方经济学、国际经济学、国民经济管理被评为省级重点学科和重点扶持学科；2002 年、2007 年国民经济学、世界经济连续两届被评为国家重点学科；2007 年，金融学被评为国家重点学科。

在应用经济学一级学科重点学科建设方面，2017 年 9 月被教育部、财政部、国家发展和改革委员会确定为国家"双一流"建设学科，成为东北地区唯一一个经济学科国家"双一流"建设学科。这是我校继

1997 年成为"211"工程重点建设高校 20 年之后学科建设的又一次重大跨越，也是辽宁大学经济学科三代人共同努力的结果。此前，2008 年被评为第一批一级学科省级重点学科，2009 年被确定为辽宁省"提升高等学校核心竞争力特色学科建设工程"高水平重点学科，2014 年被确定为辽宁省一流特色学科第一层次学科，2016 年被辽宁省人民政府确定为省一流学科。

在"211"工程建设方面，在"九五"立项的重点学科建设项目是"国民经济学与城市发展"和"世界经济与金融"，"十五"立项的重点学科建设项目是"辽宁城市经济"，"211"工程三期立项的重点学科建设项目是"东北老工业基地全面振兴"和"金融可持续协调发展理论与政策"，基本上是围绕国家重点学科和省级重点学科而展开的。

经过多年的积淀与发展，辽宁大学应用经济学、理论经济学、统计学"三箭齐发"，国民经济学、世界经济、金融学国家重点学科"率先突破"，由"万人计划"领军人才、长江学者特聘教授领衔，中青年学术骨干梯次跟进，形成了一大批高水平的学术成果，培养出一批又一批优秀人才，多次获得国家级教学和科研奖励，在服务东北老工业基地全面振兴等方面做出了积极贡献。

编写这套《辽宁大学应用经济学系列丛书》主要有三个目的：

一是促进应用经济学一流学科全面发展。以往辽宁大学应用经济学主要依托国民经济学和金融学国家重点学科和省级重点学科进行建设，取得了重要进展。这个"特色发展"的总体思路无疑是正确的。进入"十三五"时期，根据"双一流"建设需要，本学科确定了"区域经济学、产业经济学与东北振兴""世界经济、国际贸易学与东北亚合作""国民经济学与地方政府创新""金融学、财政学与区域发展""政治经济学与理论创新"五个学科方向。其目标是到 2020 年，努力将本学科建设成为立足于东北经济社会发展、为东北振兴和东北亚区域合作做出应有贡献的一流学科。因此，本套丛书旨在为实现这一目标提供更大的平台支持。

二是加快培养中青年骨干教师苗壮成长。目前，本学科已形成包括长江学者特聘教授、国家高层次人才特殊支持计划领军人才、全国先进工作者、"万人计划"教学名师、"万人计划"哲学社会科学领军人才、国务院学位委员会学科评议组成员、全国专业学位研究生教育指导委员会委员、文化名家暨"四个一批"人才、国家"百千万"人才工程入选者、国家级教学名师、全国模范教师、教育部新世纪优秀人才、教育部高等学校教学指导委员会主任委员和委员、国家社会科学基金重大项目首席专家等在内的学科团队。本丛书设学术、青年学者、教材、智库四个子系列,重点出版中青年教师的学术著作,带动他们尽快脱颖而出,力争早日担纲学科建设。

三是在新时代东北全面振兴、全方位振兴中做出更大贡献。面对新形势、新任务、新考验,我们力争提供更多具有原创性的科研成果、具有较大影响的教学改革成果、具有更高决策咨询价值的智库成果。丛书的部分成果为中国智库索引来源智库"辽宁大学东北振兴研究中心"和"辽宁省东北地区面向东北亚区域开放协同创新中心"及省级重点新型智库研究成果,部分成果为国家社会科学基金项目、国家自然科学基金项目、教育部人文社会科学研究项目和其他省部级重点科研项目阶段研究成果,部分成果为财政部"十三五"规划教材,这些为东北振兴提供了有力的理论支撑和智力支持。

这套系列丛书的出版,得到了辽宁大学党委书记周浩波、校长潘一山和中国财经出版传媒集团副总经理吕萍的大力支持。在丛书出版之际,谨向所有关心支持辽宁大学应用经济学建设与发展的各界朋友,向辛勤付出的学科团队成员表示衷心感谢!

林木西

2019 年 10 月

　　改革开放 40 年来，中国经济的持续高速增长举世瞩目，缔造了一个起步较晚国家的工业化奇迹，继 2010 年中国成为世界第二大经济体之后，2019 年人均 GDP 突破 1 万美元。然而，长期对资源环境高度依赖的粗放式经济增长模式使得环境遭受严重污染，环境污染已经对经济的可持续发展和人民生活质量提升构成严重威胁。2014 年中央经济工作会议认为，从资源环境约束看，现在环境承载能力已经达到或接近上限。

　　中共十八届三中全会提出"建设生态文明，必须建立系统完整的生态文明制度体系，用制度保护生态环境"。环境问题的经济学本质是经济主体经济活动导致的外部性引起的市场失灵问题，环境规制是通过对企业经济活动进行调节以解决环境污染外部性的政府制度供给。作为社会性规制的重要组成部分，关于环境规制理论的研究在规制经济学中属于比较新的领域。企业是环境污染的主要来源，不同所有制性质的企业因为其本身的所有制特性、自身的规模、和政府之间的关系、政治地位等因素都会影响到环境规制机构对其进行监管。与成熟的市场经济国家不一样的是中国正处于经济转轨时期，而且拥有庞大的国有企业存在，虽然经历了几轮改革，但是国有企业还没有完全成为真正的市场主体并与政府具有天然的政治关联，中国的民营企业历经从无到有、从小到大、从弱到强的发展历程，在变大变强的过程中，一些企业开始逐渐积极建立和政府之间的联系。在此背景下，本书尝试系统厘清企业所有制性质对环境规制效果的影响内在机理，试图回答以下三个问题：（1）所有制性质是否影响以及如何影响环境规制效果？（2）不同所有制性质企业是否通过对不同类型环境规制政策工具的偏好影响环境规制效果？（3）企业政治关联是否在企业所有制性质影响环境规制效果中具有调节效应？

本书的创新之处主要有：（1）从微观主体企业的所有制性质角度入手研究国有企业和民营企业因所有制性质的差异导致在面临政府环境规制时表现出异质性的行为从而影响环境规制效果，从国有企业和民营企业对不同类型环境规制政策工具影响的角度研究所有制性质对环境规制效果的影响机理；（2）把政治关联作为企业对环境规制影响的调节变量进行研究，比较分析企业政治关联在企业所有制性质对环境规制影响研究中的调节效应；（3）运用三阶段 DEA 模型对不同所有制性质企业环境规制效果进行评价对比，实证分析中将环境规制政策工具分类运用熵权法确定指标权重；（4）尝试借鉴委托—代理理论和一般均衡分析方法构建企业和环境规制机构之间的关系分析框架，分别对环境规制与国有企业和环境规制与民营企业之间进行博弈分析。

本书围绕着企业所有制性质对环境规制效果的影响这一核心研究主题，运用多种分析方法对其进行系统研究，得到以下主要结论：企业所有制性质对环境规制效果具有显著影响；企业所有制性质的异质性会使得企业在面临环境规制时产生不同的策略行为；不同所有制性质企业对不同环境规制政策工具具有不同的偏好，国有企业更加偏好于命令控制型政策工具，民营企业更加偏好于市场激励型政策工具；国有企业和民营企业环境规制效率都比较低，国有企业要高于民营企业；在相同环境规制条件下，国有企业能够使得综合使用的环境规制政策具有更好的效果；国有企业能够使得命令控制型环境规制政策具有更好的效果；民营企业能够使得市场激励型环境规制政策具有更好的效果；企业政治关联在企业所有制性质影响环境规制效果中具有调节效应。

本书由七章组成：

第一章为绪论。主要介绍本书的选题背景与研究意义以及可能的创新点和不足之处；简要介绍本书的研究内容和方法，并给出本书的研究框架。

第二章为研究综述部分。环境规制属于社会性规制的一部分，随着工业化的推进导致环境问题日益严重而产生，学者们对环境规制的来源、环境规制政策工具、环境规制绩效、环境规制对企业影响、企业所有制性质与环境规制以及政治关联对环境规制效果影响几个方面进行了一系列研究探索，本书对相关文献进行梳理和分类总结，并对其进行简单评述，总结现有研究的特点及不足之处。

第三章为企业所有制性质对环境规制效果影响的理论分析部分。本章首先对自由获取悲剧、外部性理论、委托—代理理论、企业所有制理论和环境规制理论等相关理论进行阐述，对中国环境规制的演进变革与政策体系进行总结梳理，构建环境规制机构和被规制企业之间关系的分析框架，然后分别对国有企业与环境规制者之间和民营企业与环境规制者之间进行博弈分析，最后对不同所有制性质企业对环境规制影响进行经济分析，为后文所进行的实证检验提供理论支撑。

第四章为不同所有制性质企业环境规制效率评价。本章首先构建加入环境资源作为企业生产要素的投入向量和包含非期望产出的产出向量的生产函数。选取投入变量、产出变量和环境变量运用三阶段 DEA 模型对沪深股市中制造业上市公司中 100 家企业 2015～2017 年面板数据进行分析，对国有企业和民营企业环境规制效率进行评价对比。

第五章为企业所有制性质对环境规制效果影响的实证分析。选取代理变量构建企业环境规制执行指数，从理论上分析国有企业和民营企业对环境规制实施效果的影响，并提出研究假设，构建动态面板计量模型，运用系统 GMM 估计方法来实证检验沪深两市上市公司中不同所有制性质企业在和不同类型的环境规制工具交互作用下的环境规制效率。

第六章为政治关联对企业所有制性质影响环境规制效果的调节效应实证检验。在第五章的基础上加入企业政治关联情境变量，从实证角度验证企业政治关联在企业所有制性质影响环境规制效果中所起的调节效应。首先对企业政治关联对国有企业和民营企业影响环境规制效果的机理进行理论分析，然后建立计量模型，运用虚拟变量最小二乘法（固定效应 LSDV）进行回归分析，研究政治关联对所有制性质影响环境规制效果的调节效应。

第七章为研究结论及政策建议。对本研究的结论进行总结并根据结论从企业生态环保观念、企业环境风险管理、环境规制机构规制能力、环境规制政策体系和公众参与等方面提出相应的政策建议。

目　录

第一章

绪　　论

第一节　研究背景与研究意义

一、研究背景

（一）现实背景

对环境问题的关注并不是一时兴起，而是事关人类生存发展的深层次关注，这个问题很大程度上是与人们的高收入和高人口密度相伴而生的。如果中国人口数量很小，远小于环境的承载能力，则人类所产生的污染物能够被环境自身降解净化；如果人们还处于食不果腹、为温饱而生存的阶段，环境问题将不会被提升到不得不考虑的重要位置，因为，生存比环境更重要。然而，中国是世界第一人口大国、第二大经济体且2020年全面建成小康社会的现实凸显了环境问题对中国的重要性。2014年中央经济工作会议认为：现在环境承载能力已经达到或接近上限，必须顺应人民群众对良好生态环境的期待，推动形成绿色低碳循环的发展新方式。①

　　改革开放以来，中国经济一直保持中高速增长，在 2010 年超越日本成为世界第二大经济体，2019 年国内生产总值（GDP）为 990865 亿元，稳居全球第二，人均 GDP 首次站上 1 万美元的新台阶。与此同时，却为经济增长付出了资源和环境的沉重代价，发达国家百年完成的工业化进程所出现的环境问题在中国集中出现。中国是世界上最大的污染源之一，也是遭受污染最严重的国家之一（Jiang et al.，2014；田中伸介，2015）。据有关统计，中国的二氧化碳和二氧化硫排放量已经连续多年位居世界第一（王敏、黄滢，2015）。由耶鲁大学、哥伦比亚大学以及世界经济论坛（WEF）联合研制并发布的 EPI（Environmental Performance Index）《2018 年全球环境绩效指数报告》显示，中国得分为 50.74，在全世界 180 个参加排名的国家中排名第 120 位，2016 年中国得分为 65.1，在 180 个参加排名的国家中位居第 109 位，2014 年在 178 个参加排名的国家中位居 118 位，2012 年在 132 个参加排名的国家中位居 116 位，虽然评价指标体系、数据来源和评价方法尚存在争议，但是也在一定程度上反映出我国环境绩效相对落后的事实。当前中国面临着严重的环境问题，在国家环境政策的引导下，环境问题有所改善，但是问题依然严重。如图 1-1 所示，2013 年 338 个地级以上城市的空气质量达标率不足 5%，虽然中国有监测的城市空气质量达标率逐年上升，但是在 2018 年 338 个地级以上城市的空气质量达标率不足 36%。全国地表水污染依然比较严重，近十年在对全国地表水水质断面（点位）的监测中，Ⅰ~Ⅲ类比例一直处于 72% 以下，虽然随着时间推移比例有所提升，但是提升幅度很小，劣 Ⅴ 类比例在逐渐缩小，② 如图 1-2 所示。

---

　　① 岳菲菲：《中央经济工作会议：新常态需采取正确消费政策》，载《北京青年报》2014。

　　② 注释：根据《地表水环境质量标准》（GB 3838-2002）Ⅰ 类水质主要适用于源头水、国家自然保护区；Ⅱ 类水质可用于集中式生活饮用水地表水源一级保护区、珍稀水生生物栖息地、鱼虾类产卵场、仔稚幼鱼的索饵场等；Ⅲ 类水质可用于集中式生活饮用水地表水源二级保护区、鱼虾类越冬场、洄游通道、水产养殖区、游泳区；Ⅳ 类水质可用于一般工业用水和人体非直接接触的娱乐用水；Ⅴ 类水质可用于农业用水区及一般景观要求水域；劣 Ⅴ 类水质除调节局部气候外，几乎无使用功能。

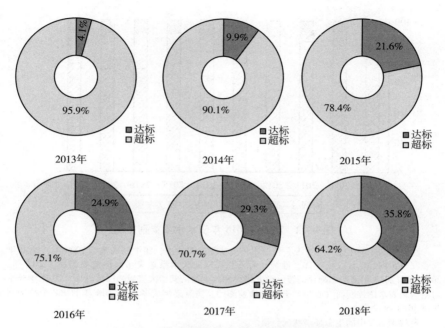

图 1-1 全国监测城市空气质量达标情况

注：环境空气质量达标：参与评价的六项污染物浓度均达标，即为环境空气质量达标。城市环境空气质量评价依据《环境空气质量标准》和《受沙尘天气过程影响城市空气质量评价补充规定》，评价指标为二氧化硫（SO_2）、二氧化氮（NO_2）、可吸入颗粒物（PM_{10}）、细颗粒物（$PM_{2.5}$）、一氧化碳（CO）和臭氧（O_3）。其中 SO_2、NO_2、PM_{10} 和 $PM_{2.5}$ 按照年均浓度进行达标评价，CO 和 O_3 按照百分位数浓度进行达标评价。其中 2013 年按照新标准开展第一阶段监测的城市为京津冀、长三角、珠三角等重点区域及直辖市、省会城市和计划单列市74 个城市；2014 年包含第一阶段和第二阶段新增城市，共有 161 个城市；2015 年开始，按照新标准开展空气质量监测的城市范围扩大到全国 338 个地级以上城市，2016 年、2017 年、2018 年城市数量都是 338 个。

资料来源：中国生态环境状况公报。

　　根据生态环境部的研究，中国环境污染主要来源于生产生活性污染和交通运输性污染，其中最主要来源是生产性污染，而作为微观经济主体的企业生产活动产生的污染物是环境污染的最主要源头。目前有80% 的污染来自企业的生产经营活动（沈红波等，2012）。然而更为沉重的现实是一些企业违法排污行为时有发生。2016 年，苏州张家港市大型民营企业集团沙钢集团大量钢渣违规堆放长江岸边和化工污泥直

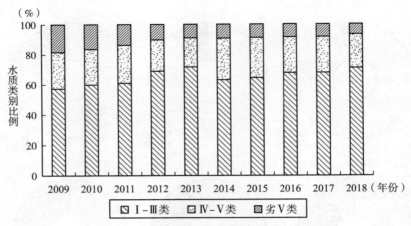

图 1 - 2　2009 ~ 2018 年淡水水质类别比例

注：根据中国生态环境状况公报淡水环境状况公布情况，图中所选数据 2009 年、2010 年为长江、黄河、珠江、松花江、淮河、海河和辽河七大水系地表水国控监测断面；2011 年、2012 年和 2013 年增加浙闽片河流、西北诸河和西南诸河共十大流域的国控断面；2014 年开始对全国地表水国控断面（点位）开展水质监测的监测点逐年增多，从 2014 年的 968 个增加到 2018 年的 1935 个。

资料来源：中国生态环境状况公报。

接堆填垃圾填埋场现象；2017 年陕西宁强汉中锌业铜矿排污致嘉陵江四川广元段铊污染事件；2017 年中石油长庆油田号 5 - 15 - 27AH 苏气井污水直接排入额日克淖尔湖，导致当地数百牲畜暴死；2018 年 11 月，中央第五生态环境保护督察组发现四川省泸州市大型国有控股上市公司泸州老窖股份有限公司罗汉酿酒基地污水处理站实际进水化学需氧量浓度长期高于设计处理浓度，导致生化池漂浮大量死泥，而对死泥的处理是混入生活垃圾进入垃圾填埋场填埋。相邻的泸州国粹酒厂更是直接将废水排入雨水管网进入长江，其污水的化学需氧量浓度高达 1700 毫克每升；2019 年中国化工集团昊华鸿鹤化工有限责任公司逃避生态环保主体责任使得生产废渣导致地下水监测井硫酸盐浓度达到 1480 毫克/升，超过地下水环境质量Ⅲ类标准 4.92 倍。据中国生态环境状况公报显示，2016 年环境保护部门下达的行政处罚决定 12.4 万份，罚款 66.3 亿元；2017 年实施行政处罚案件 23.3 万件，罚款 115.8 亿元；

2018 年实施行政处罚案件 18.6 万件，罚款 152.8 亿元，环境违法行为发生的企业中既有国有企业也有民营企业，企业的环境违法问题依然严重。然而，是国有企业还是民营企业造成的污染更多？媒体中有关于国有企业污染环境的负面新闻，比如《福布斯》2014 年曾报道中国的环境污染来源总体上是政府投资的企业，也有学者研究发现民营企业是环境污染的主要来源（张功富，2013）。政府环境保护部门进行环境规制意在约束企业污染行为，矫正环境资源的市场失灵问题，有关环境规制政策工具有多种，而每一种环境规制政策工具在不同所有制企业面前的效率如何，将会直接影响到政府规制的绩效，所以，要厘清所有制性质对环境规制的影响，才能够更好制定有针对性的环境规制政策，提高政府环境规制绩效，实现政府的环境保护目标。

（二）时代背景

党的十九大报告指出：我国经济已由高速增长阶段转向高质量发展阶段，正处在转变发展方式、优化经济结构、转换增长动力的攻关期。[①] 2012 年中共十八大将生态文明纳入中国特色社会主义事业"五位一体"的总体布局中，提出推进生态文明，建设美丽中国。2013 年中共十八届三中全会提出，建设生态文明，必须建立系统完整的生态文明制度体系，用制度保护生态环境，要健全自然资源资产产权制度和用途管制制度，划定生态保护红线，实行资源有偿使用制度和生态补偿制度，改革生态环境保护管理体制。[②] 2018 年在中国生态环境保护事业发展史上具有重要的里程碑意义。在这一年里召开了第八次全国生态环境保护大会，习近平总书记出席并发表重要讲话，会上正式确立习近平生态文明思想。十三届全国人大一次会议表决通过宪法修正案，把新发展理念、生态文明和建设美丽中国的要求写入宪法。在党和国家机构改革

---

① 习近平：《决胜全面建成小康社会夺取新时代中国特色社会主义伟大胜利——在中国共产党第十九次全国代表大会上的报告》，人民出版社 2017 年版。

② 中共中央关于全面深化改革若干重大问题的决定（2013 年 11 月 12 日中国共产党第十八届中央委员会第三次全体会议通过），载《求是》2013 年第 22 期。

中，新组建生态环境部、应急管理部和自然资源部，统一行使生态和城乡各类污染排放监管与行政执法职责；同时，组建生态环境保护综合执法队伍，增强执法的统一性、独立性、权威性和有效性。[①]

改革开放以来，国有企业经历了多轮改革，之前政企不分、效率低下、产权不明的缺点已部分得到纠正，然而，国有企业还存在诸多问题，比如和政府之间的天然联系、产权虚位等问题依然存在。经过40多年的改革开放，民营经济从无到有、从小到大、从弱到强，已经发展成为推动经济发展的重要力量，随着中国民营经济的发展，民营企业家除了在经济领域扮演重要角色外，还逐渐参与到了政治领域，如长春欧亚集团股份有限公司董事长曹和平当选过中共十六大、十七大、十八大、十九大代表，吉林省第七至第十一次党代会代表，长春市第九至十五届人大代表；1998年新希望集团董事长刘永好当选中国人民政治协商会议全国委员会常委；2004年浙江传化集团董事长徐冠巨当选浙江省政协副主席；2018年中国恒大集团董事局主席许家印当选中国人民政治协商会议第十三届全国委员会常委。国有企业和民营企业有着不同的所有制性质，而环境规制是政府对环境资源市场失灵的干预，是政府管理环境问题的一种制度供给，所有制性质的不同将会影响企业对环境规制政策的反应，不同所有制企业的相应行为将会对政府环境规制效果产生影响，其中企业与政府之间的关系也会是一种不能被忽略的影响因素。

（三）理论背景

规制（regulation）包含了一系列对经济活动的监督政策，规制政策涉及企业市场的准入、退出、价格、竞争模式等，还涉及产品质量、生产环境、生产技术以及生产过程中产生的负外部性，通过对市场主体的经济行为进行监督限制，强制经济参与主体将一定的成本内部化，从而解决市场失灵问题。一些外部性问题可以通过界定产权来解决，在此种

---

① 《中国生态环境状况公报》，载《环境保护》2019年第47期。

情况下，发挥市场机制的作用就可以解决，无需政府进行干预。然而，环境问题并不满足科斯定理发挥作用的前提条件：产权明确、零交易成本。环境资源具有公共物品属性，属于产权难以明晰的开放性资源，这一特点会导致环境资源被过度使用。在企业对环境资源的使用过程中，一方面为社会提供物质产品，一方面也为社会提供了一种"厌恶品"——污染物。而企业的生产经营付出的成本仅仅是除环境资源以外的其他生产要素的成本，所消耗的环境资源的成本由社会公众承担，这就是企业生产活动所产生的外部性。正是由于环境问题具有的公共物品性和外部性，使得市场机制并不能完全解决环境问题。

虽然古典经济学时期亚当·斯密、马尔萨斯、李嘉图和穆勒以及新古典经济学时期的马歇尔、庇古和科斯都对环境资源问题进行关注，也提出了相应的对策来解决，而真正开始关于环境规制理论的研究却比较晚。从 1970 年开始，西方为维护安全、健康和环境而出台了一系列法律，HSE（Health, Safety and Environmental Regulations）这种新的规制才真正进入研究者的视野中。近 50 年来，关于环境规制的理论研究大量涌现，一部分学者从庇古解决外部性的方向出发，依靠政府对污染企业征收税费来解决外部性问题，一部分学者从产权的角度出发，希望借助市场机制解决环境问题。20 世纪 80 年代，拉丰、梯若尔将委托代理理论、信息经济学和机制设计等研究方法引入规制经济学的研究中。

规制的研究者通过对具体环境问题的研究给出了不同的对应政策，即环境规制政策工具，一般包括基于政府立法和行政权力的命令控制型环境规制政策和基于市场机制的激励型环境规制政策，虽然也有学者认为行业协会或者企业自身的自愿性协议承诺属于环境规制，但本书认为应该属于广义的环境规制，而不属于政府规制范畴。各种环境规制政策工具各有优劣，学术界对规制政策既有批评反对声音，也有对规制政策的支持，规制的批评多集中于"命令型和控制型"规制政策对企业经济行为的过多干预，而希望更多借助于市场机制来推动经济主体个人选择、企业家精神和生产效率，呼吁要减少命令控制型环境规制工具的使用，更多使用市场激励型环境规制工具。事实上，多数学者所研究的是对完备的市场经济条件下以营利为目标的私有企业的规制，然而中国目前处于转型期，市场经济并不完善，还有大量并不是完全市场主体的国有企业存在，不同所有制性质的企业因为其本身的所有制特性、自身的规模、和政府之间的关系、政治地位等因素都会影响到环境规制机构对其进行监管。与成熟的市场经济国家不一样的是中国正处于经济转轨时期，而且拥有庞大的国有企业存在，虽然有学者认为环境规制没有所有制区别，环境规制的法律也没有为国有企业特设，国有企业具有很强的技术水平和管理能力，环境保护方面要比民营企业好很多（王平，2013）。也有分析认为，与以利润最大化的民营企业相比，当国有企业面临模糊而且有争议的任务时，由于企业不会有竞争对手，而且很难被淘汰，规制机构的执法难以对国有企业产生足够的威慑，而相同的执法手段用于民营企业，将会产生较好的规制效果，所以国有企业比民营企业更可能不遵守规制法规。要提高环境规制对不同企业的规制效果，有必要比较不同所有制企业影响环境规制的内在机制，充分发掘国有企业和民营企业环境规制反应的差异性，揭示环境规制机构对不同所有制企业进行规制问题原因，使得中国的环境规制体系更加完善，政府对企业的环境污染问题进行规制时更有针对性，能够更有效地提高政府环境管理效率。

二、研究意义

在相当长的一段时间内，我国的环境规制政策因为经济增长需要不能够彻底贯彻，使得环境资源价格较低，企业因为环境资源的低成本而采取粗放型的生产方式，使得企业进行生产经营活动产生的污染物成为环境污染的主要原因。随着环境问题的日益严重，环境已经成为经济增长的硬约束，污染程度已经开始威胁到居民的生命健康。环境规制是一个复杂而综合的系统工程，污染防治是一个繁重艰巨的攻坚任务。本书顺应我国经济发展趋势，为部分解决中国环境问题和经济高质量发展提供理论依据和政策建议，对打赢污染防治攻坚战、建设美丽中国具有重要的理论意义和现实意义。

（一）理论意义

环境规制属于规制经济学中比较新的领域，环境规制理论体系并没有完全建立，研究范式和理论都有待进一步深化，环境规制对企业生产的影响还存在争议，企业的区域差异、行业差异、所有制性质差异、规模差异、企业内部治理结构差异以及企业所在国的经济体制差异都会对环境规制效果产生影响，现有文献的研究多集中在区域层面和行业层面，鲜有从微观企业层面探讨企业所有制性质对环境规制效果的影响。首先，本书基于委托－代理理论构建政府规制结构和不同所有制企业之间的博弈模型，用理论推理的方法探索国有企业和民营企业在面临环境规制时不同的策略行为对环境规制效果的影响，丰富了政府和企业之间关系的理论。其次，本书借助三阶段 DEA 模型对我国上市公司中国有企业和民营企业的环境规制效果进行比较，丰富了环境规制绩效评价的方法体系，进一步验证了现有文献中基于某一行业的结论。最后，本书对国有企业和民营企业在不同环境规制政策工具下的环境规制效果进行理论和实证分析，以期探讨不同所有制企业对环境规制效果影响的内在机理，以进一步完善中国环境规制体系，是对环境规制理论体系的有益补充。

（二）现实意义

环境问题是关乎中华民族永续发展的根本大计，我国的环境规制政策指导思想已经由"污染防治观"转变为"习近平生态文明思想"，如何既保障人们当前发展福利又对子孙后代尽责，实现污染排放的"减法"和经济增长的"加法"。2010 年中国超越美国成为世界制造业第一大国，而工业企业是我国环境污染的主要制造者（蓝东，2001），因此，要完善环境规制体系，在对企业进行环境规制时要有针对性，科学实施环境规制政策，提高对企业环境规制效率。本书从企业所有制性质对企业环境规制效果影响角度展开研究，既是对混合所有制改革进程中贯彻习近平生态文明思想的一种建设性建议，也可以为环境规制机构在制定环境规制政策时克服一刀切的规制模式弊端，在对不同所有制企业进行环境规制时出台更加有针对性的政策提供理论依据，提高政府的环境管理效率。另外，本书中关于政治关联的调节效应，规制机构可以充分利用企业政治关联的特点，在环境规制中发挥其积极作用。

第二节　研究内容与框架结构

一、研究内容

本书围绕企业所有制性质对环境规制影响这一核心主题进行研究，首先梳理与研究主题相关的国内外文献，结合环境规制理论和企业所有权理论，构建博弈模型进行分析，其次运用三阶段 DEA 模型对国有企业和民营企业的环境规制效果进行评价，在此基础上构建实证模型，对国有企业和民营企业对环境规制的影响进行实证分析，接下来研究政治关联对上述影响关系的调节效应，最后根据本书研究结论提出相关的政策建议。本书包括绪论在内共计七个章节，具体章节内容安排如下：

第一章为绪论。本章主要介绍本书的选题背景与研究意义及可能的创新点和不足之处；简要介绍本书的研究内容和方法，并给出本书的研究框架图。

第二章为研究综述。首先对环境规制及环境规制政策工具分类、环境规制绩效评价、环境规制对企业影响、企业所有制性质与环境规制以及政治关联对环境规制效果影响几个方面进行了一系列研究探索，本书对相关研究进行梳理和分类总结，并对其进行简单评述，总结现有研究的特点和有待进一步拓展深入和不足之处。

第三章为企业所有制性质对环境规制效果影响的理论分析。本章首先对外部性理论、委托—代理理论和环境规制理论等相关理论进行阐述，构建环境规制机构和被规制企业之间关系的分析框架，然后分别对国有企业与环境规制者之间和民营企业与环境规制者之间进行博弈分析，最后对不同所有制性质企业对环境规制影响进行经济分析，为后文所进行的实证检验提供理论支撑。

第四章为不同所有制性质企业环境规制效率评价。本章首先构建加入环境资源作为企业生产投入要素的投入向量和包含非期望产出的产出向量的生产函数。选取投入变量、产出变量和环境变量运用三阶段DEA 模型对沪深股市中制造业上市公司中 100 家企业 2015～2017 年的面板数据进行分析，对国有企业和民营企业环境规制效率进行评价并进行对比。

第五章为企业所有制性质对环境规制效果影响的实证分析。选取代理变量构建企业环境规制执行指数，从理论上分析国有企业和民营企业对环境规制实施效果的影响，并提出研究假设，构建动态面板计量模型，运用系统 GMM 估计方法来实证检验沪深两市上市公司中不同所有制性质企业在和不同类型的环境规制工具交互作用下的环境规制效果。

第六章为政治关联对企业所有制性质影响环境规制效果的调节效应，本章在第五章的基础上加入企业政治关联情境变量，构建政治关联对所有制性质影响环境规制效果的调节效应模型来分析政治关联对环境规制效果的影响。首先对企业政治关联对国有企业和民营企业影响环境规制效果的机理进行理论分析，然后建立计量模型，运用虚拟变量最小二乘法（固定效应 LSDV）进行回归分析，研究政治关联对所有制性质影响环境规制效果的调节效应。

第七章为本书研究结论及政策建议。根据对研究结论的总结并根据结论从企业生态环保观念、企业环境风险管理、环境规制机构规制能力、环境规制政策体系和公众参与等方面提出对相应的政策建议。

二、框架结构

基于以上研究内容，为更加形象展示本书研究逻辑思路，将以框架结构图的形式展现出研究技术路线，如图 1 – 3 所示。

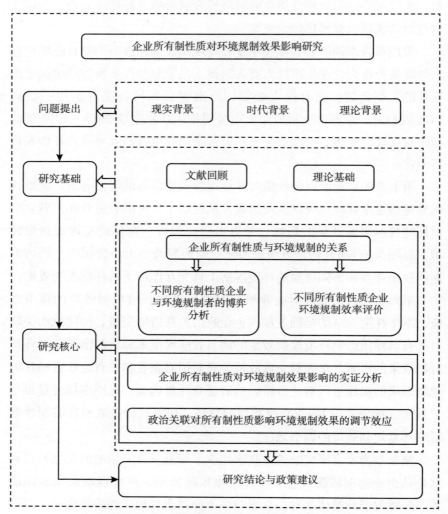

图 1 – 3　企业所有制性质对环境规制效果影响研究技术路线

第三节　研究方法与创新点

一、研究方法

为保障研究的系统性和创新性，本书运用文献分析法、比较分析法、统计分析法、规范分析和实证分析等多种方法对企业所有制性质影响环境规制效果进行较为深入的研究。

第一，多学科交叉移植综合分析方法。环境规制和企业所有制理论的研究涉及经济学、管理学、法学、政治学、统计学等多个学科，在经济学科内部又涉及规制经济学、制度经济学、环境经济学、计量经济学、博弈论等学科的相关内容。运用规制经济学、环境经济学、制度经济学、管理学、政治学分析环境规制的必要性以及在不同环境规制工具对国有企业和民营企业的作用机理，运用博弈论对规制机构和不同所有制企业的策略行为进行分析，运用统计学和计量经济学对国有企业和民营企业环境规制效率进行评价并从实证角度验证企业所有制性质对环境规制的影响，运用法学对中国环境规制的法律规制进行研究并结合相关知识提出相应的政策而建议。

第二，文献分析法。本书通过收集、梳理和研究大量国内外相关领域的现有文献，尤其是注重对权威期刊论文文献的阅读。对环境规制和环境规制政策工具分类、环境规制绩效评价、环境规制对企业的影响、企业所有制性质与政府环境规制之间的关系和企业政治关联对环境规制的影响等和本研究紧密相关的文献进行分析整理总结，了解本书所研究问题的最新进展，并进行系统论述和评价。

第三，运用数理推理和博弈模型方法。在对企业的环境规制过程中，涉及企业和规制机构之间的利益合作和冲突，尤其是对于不同所有制性质的企业，面对环境规制机构实施不同的环境规制政策工具会有不同的策略行为，规制机构和国有企业之间属于信息较为完全的协调博弈，而民营企业和规制机构之间是不完全信息的非合作博弈。

第四，实证分析法。本书选取沪深股市中制造业上市公司中 100 家企业 2015～2017 年面板数据运用三阶段 DEA 模型进行分析来对国有企业和民营企业环境规制效率进行评价对比；运用系统 GMM 估计方法实证分析企业所有制性质对环境规制效果的影响以及不同所有制性质企业在不同类型的环境规制工具作用下环境规制效率；然后建立计量模型，运用虚拟变量最小二乘法（固定效应 LSDV）进行回归分析，研究政治关联对所有制性质影响环境规制效果的调节效应。

二、创新与不足之处

（一）可能的创新之处

自 20 世纪 70 年代开始出现以环境、安全等为研究内容的社会性规制以来。关于环境规制的研究成果大量出现，然而针对企业所有制性质与环境规制之间关系的研究却比较少，更多的研究集中在以营利为目的的具有完全市场主体的私有企业上。本书基于经济学的分析框架，针对国有企业和民营企业对环境规制效果的影响进行系统研究。

第一，研究视角创新。本书选择从企业所有制性质的视角研究国有企业和民营企业对环境规制效果的影响，在研究中将企业所有制性质与不同环境规制政策工具相结合，尝试从环境规制制度内部探寻企业所有制对其作用的机理。除此之外，本书还将把政治关联作为企业所有制性质对环境规制影响的调节变量进行研究，比较分析企业政治关联在企业所有制性质对环境规制影响研究中的调节效应。现有文献尚没有针对此主题进行过系统研究，只是在研究环境规制其他议题过程中偶有涉及。

第二，研究方法创新。本书在理论分析过程中综合运用多学科交叉移植综合分析方法。在对不同所有制性质企业环境规制效果评价过程中，为提高 DEA 信度，获取更为真实的效率值，运用随机前沿分析剔除对效率结果产生影响的环境因素、统计噪声和管理无效率，选取三阶段 DEA 模型对其进行评价。在实证分析过程中，构建环境规制执行指数作为被解释变量，对于市场激励性环境规制政策工具和命令控制性环境规制政策工具具体的政策手段，运用熵值法将多个数据指标进行综合，以使得指标选取更加科学客观。根据研究问题实证分析实际需要，运用系统 GMM 估计方法和虚拟变量最小二乘法（固定效应 LSDV）进行回归分析，力求使得研究结果更加可靠。

第三，理论创新。本书尝试对环境问题外部性的维度进行拓展，通过分析环境规制视阈下政府、企业和公众之间的关系，从国有企业、民营企业与环境规制机构之间的博弈分析，国有企业和民营企业环境规制绩效评价，企业所有制性质对环境规制影响以及政治关联的调节效应几个大的方面构建国有企业和民营企业对环境规制影响的分析框架，是对现有环境规制理论体系的补充和发展。

（二）不足之处

环境规制是一个涉及多学科综合的国家制度体系的一部分，环境规制问题会随着国家环境治理体系的逐步完善、企业生产技术和污染治理技术的革新、经济发展和人们环境保护意识的提高等因素发生动态变化。相对于人类和大自然交互作用的历史，本书仅仅是针对一个短期阶段的研究，虽然有大量关于环境规制和企业所有制性质的研究成果，但是针对本书所研究主体的成果并不丰富，可供笔者借鉴学习的文献数量较少，加之笔者能力和水平有所不及，因此本研究尚存在疏漏与不足，这些将在未来的进一步研究中加以完善。

第一，在实证分析中，微观企业层面的数据难以获得，虽然我国的上市公司环境信息披露制度已经建立十余年，但是执行情况并不乐观，2018 年有超过七成企业没有发布环境信息披露报告，笔者只能通过多种途径（多个在线数据库和各个统计年鉴）尽可能搜集数据信息，借鉴现有理论成果构建相应指数，实现实证检验的应有置信度；本书在研究政治关联的调节效应实证研究时借鉴多位学者的做法将企业经营者的政治身份作为衡量企业政治关联的标志，然而在现实中这一外显化的标准并不能完全体现企业的政治关联特点；国有企业又可分为中央国有企业和地方国有企业，在政治关联上表现不同，尤其是驻地方的中央国有企业，和地方政府之间的关系和地方国有企业会有所不同，本书没有对国有企业进行更进一步的区分；在政治关联的程度上，企业和政府的关系紧密程度即企业政治关联的强度，限于数据可得性以及关联性强度的难以量化，本书仅用二值变量对政治关联进行"有"和"无"来进行分析，更深层次的衡量标准，需要进一步研究。

第二，企业所有制性质和环境规制的相关理论是涉及多学科的复杂的理论体系，本书的理论分析还不够深入。比如在构建环境规制机构、企业和公众关系的分析框架时尽可能简化，对环境规制机构和不同所有制企业之间的博弈分析时，通过对国有企业和民营企业特点分析，进行相应的假设，选取对应的博弈类型进行分析，其中理论假设和复杂的现实并不完全一致，只是一种接近；在对环境规制政策工具分类研究时，鉴于中国环境规制手段采用的广泛性和统计数据可得性，仅对命令控制性环境规制工具和市场激励性环境规制工具的具体手段进行研究，对于部分学者提出的自愿型环境规制，本书进行了简要说明，没有进行深入的理论分析。

第二章

研 究 综 述

"规制"一词来源于英文"regulation"或者"regulation constraint"，在英文经济学文献中"regulation"和"regulation constraint"都指规制经济学，一般翻译为"规制、管制、监管、规管、调节"等。例如日本经济学家植草益将其译作"规制"，而在《新帕尔格雷夫经济学大词典》中将其译作"管制"，通常在学术研究中更多用"规制"和"管制"，而在政策层面和实际部门中更多使用"监管"，这些翻译只是说法不同，本质上没有区别。笔者认为"管制"译法给人的印象更偏重于政府对微观经济主体的"管"，是与计划经济相对应的说法，而"规制"一词更为中性，更加突出政府以法律制度来约束和规范市场经济参与主体的经济行为，故本书将统一使用"规制"这一翻译。

第一节　环境规制及环境规制政策工具分类的研究

规制是政府运用行政强制力限制或改变经济参与主体行为和决策的活动（萨缪尔森，1948）。环境规制是社会性规制的一项重要内容，是指由于环境污染具有负外部性，政府通过制定相应的政策与措施，对企业的经济活动进行调节，以达到保持环境与经济发展相协调的目标（张红凤，2012）。植草益（1992）认为环境规制属于政府规制中的社会性规制，他把规制分为直接规制和间接规制，其中直接规制又分为经济性规制和社会性规制，如表 2 - 1 所示。包含环境规制的社会性规制进入学者们的研究视野相较于经济性规制要晚一些，国际学术界对规制的研究认为 20 世纪 70 年代是重要的分水岭。在 1970 年之前，学术界对规制的研究主要集中在被称为"老式"的经济性规制，而在 1970 年以后，开始出现以环境、安全等为研究内容的社会性规制。这与美国政府在 20 世纪 70 年代初将规制中心转移到环境、产品安全和工作场所上有关，美国是最早开始研究社会性规制的国家，美国环保局（EPA）在 1970 年成立。乔斯科和诺尔（Joskow and Noll, 1981）总结了对竞争和非竞争行业的进入和价格规制，还把"质量"（健康、环境和产品质量）加入规制的定义中。

表 2 - 1 政府规制分类

	项目	主要目的	政府主要活动
间接规制		反对不公平竞争	由反垄断法、民法、商法等产生的对垄断等不公平竞争行为的制约
直接规制	经济性规制	对应于自然垄断	对自然垄断行业的进入、退出、价格、投资等的规制
	社会性规制	外部性、非价值物品	防止公害、环境保护、保证健康和安全等

资料来源：笔者根据相关文献整理。

政府环境规制的效果取决于环境规制的强度和结构，环境规制强度的高低会影响到企业进行污染治理的成本，进而影响到企业的经济行为决策，若规制强度较低使得企业的污染治理成本较低时，企业会不惜污染环境来换取经济红利，较高的环境规制强度会使得企业选择放弃一部分经济红利从而产生环境红利。环境规制的结构指政府制定和实施的相应政策工具类型及组合，通过制定和实施不同的环境规制政策工具组合来实现环境规制的目标。环境规制要解决的是企业环境污染导致的外部性问题。针对寻找外部性的解决办法，主要思路来源于阿瑟·塞西尔·庇古

（Arthur Cecil Pigou）和罗纳德·哈里·科斯（Ronald Harry Coase），分别给出的政府行政干预和引入市场机制进行调节两种途径。庇古（Pigou，1920）针对外部性进行分析认为是外部性由于边际成本（私人和社会）和边际收益（私人和社会）发生偏离导致的，要解决这一问题，需要政府实施税收和补贴政策来解决，而要进行税收和进行补贴就需要对污染进行定价，这就是排污收费和庇古税（Pigovian tax）的来源。而向污染者按照每单位污染进行排污费收取的环境规制思想则来源于华盛顿特区未来资源研究所的克尼斯（Kneese，1962）。科斯（Coase，1960）则对庇古关于外部性的看法进行了批评，认为庇古税并不是有效率的制度安排，提出可以通过产权的界定来解决外部性问题，然而科斯的解决外部性问题的思路却面临着可能会产生巨大的交易成本所导致的低效率问题。在此基础上，国内外学者开始对两种思路进行研究比较，并根据不同的制度环境提出不同的解决外部性的具体政策工具。在通过科斯产权理论解决环境问题的研究方面，学者们通过对环境产权的特点以及在我国存在的制约因素的研究，认为完整的环境产权制度、环境产权交易制度和环境产权保护制度能够发挥市场机制的调节作用，将环境资源配置到能够有效预防污染的主体手中（潘家华、杜亚平，1995；常修泽，2007；马士国，2008）。在实践中，规制者和被规制者之间存在信息不对称问题，要解决外部性问题，韦茨曼（Weitzman，1974）在不知道企业减少排污的边际成本和边际收益函数的情况下，尝试讨论规制者对庇古和克尼斯提出的排污企业收取排污税与排污费和科斯提出的交易排污许可证进行选择分析，通过边际收益和边际成本曲线弹性的对比来比较各类环境规制政策工具的优劣。然而，存在的问题是企业的边际成本曲线和边际收益曲线很难精确为规制者所知道。罗伯茨（Roberts，1976）设计了上述几种政策工具的组合，发现组合使用的规制手段可以实现较高的期望目标。有大量学者在此研究的基础上对排污税和排污费以及可交易排污许可证进行比较，针对不同的企业信息以及企业战略性生产行为，发现这几种手段各适用于不同的假设条件（克维尔，1977；纽维尔，1999；赫尔和卡普，2001；莫莱迪纳、科金斯和波拉斯基，

2003）。仅仅依靠市场机制对环境产权进行配置并不能完全解决污染问题，因为要想实现环境资源的有效配置的前提是完善的环境产权制度体系，而环境资源具有公共物品的性质，产权的界定是比较困难的，另外，环境产权的主体是代表公众利益的政府，而企业则是代表自身利益的个人，单独依靠市场和政府不能够有效解决环境污染问题，需要政府干预和市场的调节作用共同作用才能够实现（徐嵩龄，1999；肖国兴，2000；张敏，2000；何其多，2002）。另外，学者沈满洪（1997）专门对解决环境问题的科斯方法和庇古方法进行比较，认为两种方法各有优劣，如果具有良好的市场制度体系，运用科斯的产权交易思想能够更有效。陈安国、高伶（2002）和马小明等（2005）研究发现，在我国的环境规制的实践中，更多选择的是行政命令型规制政策，过分依赖命令控制型规制政策会有失公平，甚至会导致政府在规制过程中企业不合作，不能有效解决规制者和企业之间的信息不对称问题，所以在环境规制的政策工具的选择上应该减少对信息的依赖，增加对基于市场机制作用的激励性政策的制定和实施，减少依赖于行政命令的政策工具的使用。而关于对污染企业进行补贴的研究方面，一些学者研究发现，补贴不同于对企业收取排污费的规制政策工具，补贴能够使得企业的利润增加（卡米恩等，1966；克尼斯和鲍尔，1968），美斯特曼（Mestelman，1982）、科恩（Kohn，1985）、鲍莫尔和奥茨（Baumol and Oates，1988）等学者的研究还发现补贴政策使得进入行业内的企业数量增加，产业规模扩大，从而导致整个行业的总体排污量增加。

环境规制部门很难掌握到企业的排污和污染治理成本，从而产生信息不对称问题。也有一部分学者没有从规制者规定排污费和补贴以及颁发排污许可证的角度来分析环境规制问题，而是从能否对企业产生主动的减排激励的角度来研究规制政策，规制者设计一种规制机制使得企业能够积极主动研发创新或者引进使用比较先进的污染治理技术，通过市场机制发挥作用使得企业能够在较低成本下实现对环境规制政策的合规目标，同时还有可能实现企业的排污的边际成本和边际收益相等的效率目标（马加特，1978；鲍莫尔和奥茨，1988；马鲁埃格、米勒曼和普瑞斯，1989）。

目前关于环境规制政策工具的分类有很多种，学者们尚没有形成统一的标准。世界银行将其分为四种类型，即创建市场、利用市场、环境规制和公众参与世界银行（Word Bank，1997），保罗·R. 伯特尼在其《环境保护的公共政策》中将环境规制政策工具分为"以激励为基础的分散规制工具"和"集权式规制工具"，前者主要采用排污收费和排污权许可证制度等，后者是通过限制污染者排放数量来实现规制目标；除以上工具之外，还有环境听证、国际协议和宏观经济政策等（思德纳，2005）；环境规制政策工具可以分为三种类型，分别是基于行政命令的命令控制型政策工具、基于市场机制作用的激励型政策工具和以信息披露为手段的环境规制，格劳利亚、海尔范德、贝尔克和蒂姆摩尔（Gloria，Helfand，Berck and Maull，2003）认为信息披露属于一种污染控制方法，而非规制方法。博歇（Bocher，2012）将环境规制划分为经济型、管制型、信息型和合作型四种类型。其中，经济型环境规制是规制机构通过经济政策来影响企业，管制型环境规制是规制机构通过命令和行政控制方式来影响企业，信息型环境规制是通过向公众或企业传递信息来影响企业行为；合作型环境规制是建立在政府和企业之间的协商合作基础上，让企业自愿主动采取一些环保措施的规制方法。国内学者和国外学者一样存在着不同的观点，张嫚（2005）将环境规制分为正式和非正式两种类别，正式的环境规制又分为命令控制型环境规制和激励型环境规制；通过对已有文献研究的梳理，发现比较通用的标准是将环境规制政策工具划分为：命令控制型、市场激励型与其他类型，命令控制型环境规制和激励型环境规制是比较统一的，而第三种类别也叫作非正式环境规制（张嫚，2005）、隐性环境规制（赵玉民、朱方明、贺立龙，2009；卢现祥、许晶，2012）。李永友和沈坤荣（2008）将世界各国控制污染的实践归纳为三种类型：命令控制型、市场激励型和信息披露型，并称前两种是传统的环境规制，这三种类型是先后出现的。张平、张鹏鹏、蔡国庆（2016）为研究不同类型环境规制工具对企业创新的影响将规制类型分为费用型环境规制和投资型环境规制两种类型。

汪海凤、白雪洁和李爽（2018）将环境规制划分为立法管制型、执法管制型和经济型三种。有学者还从各种环境规制政策工具的不同特点进行研究，宋英杰（2006）研究发现命令控制型环境规制工具更加适合在技术基础和制度基础条件不满足的条件下使用。刘丹鹤（2010）通过成本收益分析比较各种环境规制政策工具实施的优劣，发现实施不同类型的环境规制工具要根据不同的外部条件来决定。王红梅（2016）对各类环境规制政策工具的相对贡献运用贝叶斯模型进行实证分析，研究表明当前最有效的政策工具是市场激励型环境规制工具和命令控制型环境规制工具，自愿行动性和公众参与型环境规制工具的有效性较差。

第二节　关于环境规制绩效的评价研究

环境规制绩效的评价是对政府实施环境规制政策的效果和效率的检验，是提升政府公共决策水平和推动群众参与的有力杠杆（郑方辉、李文斌，2007）。对政府环境规制绩效进行评价有助于政府及时发现规制中出现的问题，进一步提高规制效率，加强规制政策工具选择的科学性（蒋雯、王莉红等，2009）。环境保护行动开始于 20 世纪 70 年代，在人们对环境污染问题日益关注的同时，学者们也开始对政府所实施的环境规制政策的有效性以及规制效率给予了较大关注，对此进行了大量的理论研究和实证分析。理想的环境规制，应当是政府实施的规制政策能够有效遏制环境污染，同时降低政策对经济的负面影响，能够实现保护环境和经济发展的"双赢"结果。为此学术界和政策实践部门对如何评价环境规制绩效进行了一系列的探讨。20 世纪 90 年代至今，统计测度、计量分析、效率分析等实证研究方法被普遍应用于环境规制绩效的评价上。

其中早期的绩效实证研究视角是环境规制所带来的收益，是基于污染物排放变化作为指标的环境规制绩效评价。通过计量分析环境规制对企业污染减排的作用，马加特和维斯卡西（Magat and Viscusi，1990）

对美国纸浆类企业进行研究发现环境规制能使此类企业大约减少 20%
的污染排放量，拉普朗特和里尔斯通（Laplante and Rilstone，1996）对
加拿大纸制品企业进行研究发现，加拿大的环境规制能够使企业大约减
少 28% 的污染排放量。两位学者通过研究还发现，政府的环境规制政
策能够有效促使企业减少污染排放，还能使得企业定期检测自身的排污
状况，可以为规制者提供更多更准确的信息。然而，政府的环境规制也
会对产业带来负面的效应，如桑乔（Sancho，2000）对西班牙家具制造
业和木制品加工业的研究发现环境规制对企业的产出和生产效率都带来
了负面的影响。格林斯通（Greenstone，2002）通过使用 175 万个企业
的普查数据检验出了环境规制对污染密集型产业发展的影响，实证结果
显示环境规制会限制污染密集型产业的发展。这种只考虑环境规制收益
而将规制带来的负面效应作为外生变量不加以考虑的绩效评价指标是不
全面的。国内学者尝试建立更加全面综合的环境规制指标体系来进行环
境规制绩效评价，有学者借鉴国外绩效评估方法，结合中国实际建立了
一套由 21 个三级指标构成的环境规制效果评价体系，包括衡量政府规
制职能的职能指标和政府规制活动带来的影响和贡献的影响指标（林群
慧，2005）。也有学者从环境管理应该包括的内容方面入手，认为应该
包括环境治理、环境质量、环境执法和环境资源消耗几个方面（魏素
艳、肖淑芳等，2006）。曹颖等（2006）根据 OECD 的"压力—状态—
响应"理论框架建立政府环境规制效果的评价指标体系，并进行验证。
王丽珂（2008）[①] 认为对政府环境规制绩效的评价应该包括环境污染和
治理、资源节约、社会保障和生态安全四个维度。张红凤等（2009）
通过计量模型分析和统计测度对比山东和全国污染密集产业的环境规制
绩效，其选择区位熵、经济增长贡献率和污染密集型产业带动值作为统
计指标。邢菁（2016）建立包含企业生态环境效益、社会效益和经济
效益三个维度的环境会计绩效指标体系，使用模糊综合评价分析法评价

---

① 王丽珂. 基于生态文明的政府环境管理绩效评价［J］. 北京工业大学学报（社会科学
版），2008，8（6）：16－19.

企业的环境会计绩效。冯雨和郭炳南（2019）利用主成分分析法评价了长江经济带各省的环境绩效，其指标体系维度包括环境治理、生态保护、资源利用和环境健康四个维度。

随着数学学科的发展和计算机技术的创新，处理数据计算能力不断增强，新的评价方法不断涌现，目前对环境规制绩效评价比较常用的方法是数据包络分析（DEA），莱因哈德和洛弗尔（Reinhard and Lovell，2000）为评估荷兰牧场综合环境效率所进行的分析发现，环境效率得分依赖于氮盈余、磷酸盐盈余和全部的（包括直接的和间接的）牧场非均衡的能量使用。通过计算效率比较 SFA 和 DEA 两种方法得出的研究结论包括两个方面，第一，SFA 和 DEA 方法都可以计算环境效率得分，而平均技术效率得分（以产出为导向，SFA89%，DEA78%）与平均综合环境效率得分（SFA80%，DEA52%）在两种方法上是不同的；第二，SFA 方法允许假设检验，对于包括磷酸盐盈余的具体指标可以进行单边假设检验，而 DEA 方法可以计算各种具体指标的环境效率得分。[①]索菲奥和普列托（Zofio and Prieto，2001）认为企业的生产不能违背可持续原则，所以对环境规制绩效的衡量也要坚持这一原则，环境规制应该能够使得企业在生产过程增加有益产品产出的同时减少有害产品的产出，例如能否使得垃圾和温室气体的产生减少，DEA 方法可以对 OECD 制造业各项环境规制政策绩效进行评价。布里斯（Breesers，2011）利用三阶段 DEA 方法模型研究环境规制如何影响环境效率，研究结果发现环境规制的强度对环境规制效率的改善具有显著影响；赫曼德斯—桑乔等（Hemandez-Sancho et al.，2000）基于 DEA 方法对环境规制政策绩效进行测算，迪克霍夫和艾伦（Dyckhoff and Allen，2001）使用 DEA 方法对生态系统进行测算，萨尔基斯等（Sarkis et al.，2001）利用 DEA 方法对不同废弃物管理系统的绩效进行了测算，德科伊耶等（De

① Reinhard S, Lovell C A K, Thijssen G J. Environmental efficiency with multiple environmentally detrimental variables; Estimated with SFA and DEA [J]. European Journal of Operational Research, 2000, 121 (2): 287 – 303.

Koeijer et al.，2002）利用 DEA 方法对不同生产技术所具有的环境效率进行了测算。而在环境规制绩效评价模式创新上也有一些进展，如对污染物做投入处理法、曲线测度法、数据转换函数法以及方向距离函数法的应用等。有一些学者从横向对比的角度对环境规制绩效进行评价，通过对所选取的样本区域内的城市（吴育华、卢静，2006；邓晓红、徐中民、程怀文，2009）和省份（王丽茹，2008；刘纪山，2009）运用DEA 的方法进行环境保护效率和环境管理效率测算，发现不同城市和省份的环境管理效率存在较大差异，而且整体而言环境规制效率偏低。范纯增、顾海英、姜虹（2015）运用数据包络分析的内生权重与Malmquist 指数相结合的方法对环境绩效进行分析，发现长江流域各省份的工业环境绩效在 2000 年到 2011 年有所改善。

在环境规制绩效评价的研究方法选择上，由于现有关于环境规制绩效评价的文献不多，所以所使用的评价方法也比较少，目前学者们主要使用的方法有层次分析法（王晓宁，2003；刘琳，2005）、模糊综合评价法（王丽茹，2008；邢菁，2016）、数据包络分析 DEA（莱因哈德和洛弗尔，2000；索菲奥和普列托，2001；吴育华、卢静，2006；杨春梅，2007；马育军，2007；董秀海、胡颖廉，2008；邓晓红，2009；希莫斯、德维特和马奎斯，2010；布里斯，2011）、聚类分析（韩强、曹洪军、宿洁，2009）、主成分分析法（孟晋晋，2014；冯雨，2019）和线性回归（杨竞萌、王立国，2009）。

第三节 政府环境规制对企业的影响

新古典经济学认为企业能够对给定的要素资源进行最优化选择，而环境资源并没有作为投入要素被列入其生产函数中，自然在生产过程中消耗的环境资源也没有作为成本计入企业的生产成本中，而企业生产经营过程中通过消耗环境资源而产生的污染导致的外部性成本内部化是政府环境规制的目标，所以环境规制对企业最直接的影响就是增加企业的生产要素投入，提高企业的生产成本，从而直接对企业生产经营的经济绩效产生影响。学者们关于环境规制对企业绩效的影响持有不同的观点，大致有以下三种，有些研究认为环境规制对企业的经济效益具有负面影响（陈诗一，2011；汤韵、梁若冰，2012；尤济红、高志刚，2013；周灵，2014），有些研究认为环境规制对企业的经济效益具有正面影响（陆旸，2009；张成、陆旸、郭路、于同申，2011；李树、陈刚，2013）①②，还有一些研究认为环境规制对企业经济效益的影响并不明显（付京燕，2010；李梦洁，2014）。

关于环境规制对企业效率的负面影响，丹尼森（Densionand，1981）对美国环境规制政策进行研究发现，在 1972~1975 年制造业因为环境规制值得生产率下降 16%。克里斯坦森和哈维曼（Christainsen and Haveman，1981）通过实证分析发现美国政府的环境规制政策使得企业的劳动生产率降低了 27%。西格尔（Siegel，1979）和格雷（Gray，1987）对美国制造业企业数据进行分析，认为政府的规制政策对企业生产效率的提高起到明显的抑制作用。乔根森和威尔科克森（Jorgenson and Wilcoxen，1990）通过对比研究美国经济增长是否受到政府实施的环境规制政策的影响，发现重污染行业受环境规制的影响比较大，他们的研究认为环境规制和石油危机一样是导致美国经济增速放缓的主要原因。利维（Levy，1995）对跨国企业的环境行为和经济绩效的研究发现排放污染减少较多的企业经济绩效表现更差。贾菲（Jaffe，1997）研究认为，企业会因为政府的环境规制产生创新的动机，但是环境规制对企业的制约效应使得企业在污染治理中所消耗的成本远大于使用更清洁生产技术带来的成本减少。雨谷和砂（Amagai，2007）认为虽然环境规制政策能够促使企业提高技术水平，但是技术提升带来的利润要小于企业成本的增加。企业要守规需要承担减排的成本，比如购买设

---

① 张成，陆旸，郭路，于同申. 环境规制强度和生产技术进步 [J]. 经济研究，2011，46（2）：113-124.

② 李树，陈刚. 环境管制与生产率增长——以 APPCL2000 的修订为例 [J]. 经济研究，2013，48（1）：17-31.

备以及研发投资，还要受到因为决策限制而导致的机会成本（Wang and Shen，2016）。

关于环境规制积极促进企业效率的研究，提出"环境规制与企业竞争力"双赢的科赫和莱昂内尔（Koch and Leone，1979）是最早研究环境规制对企业效率具有正面影响的学者。最为出名的是哈佛商学院的波特（Porter，1991）提出的"波特假说"，他认为：如果环境规制政策的设计是合理恰当的，政策将能够刺激企业创新，进而提高效率，和不受规制的企业相比，被规制企业可能具有绝对优势，实现环境规制和企业绩效"双赢"的局面。据此提炼出了"创新补偿优势理论"和"先动优势理论"。学者们对这一理论进行大量研究验证，认为在长期过程中，企业存在通过创新降低治污成本的可能，从而使得企业提升自身的资源配置能力、技术水平和企业竞争力（柏曼和布伊，2001；埃布鲁阿尔佩，2002；布鲁内梅尔和科恩，2003；多马斯利基和韦伯，2004；浜本，2006；拉诺伊，2008；波伊克特，2014；福特，2014；Wang，2015）。夫兰可和马琳（Franco and Marin，2013）对欧盟企业国家制造业调查发现环境规制对企业生产率具有明显的推动作用。鲁巴什基纳（Rubashkina，2015）的研究发现环境规制对欧洲制造业技术创新有积极影响。马诺洛和亚历桑德罗（Manello and Alessandro，2017）研究了意大利和德国工业生产效率所受到的环境规制的影响，研究结论认为环境规制和企业能够实现波特假设的"双赢"。

关于环境规制对企业影响的不确定方面研究，王爱兰（2008）对影响企业"先动优势"和"创新补偿"的因素进行分析，发现环境规制和企业竞争力之间的关系不是静态不变的正负关系。胡鞍钢（2008）认为环境规制对企业技术创新存在一个阈值，在阈值拐点之后，环境规制才对企业技术创新具有促进作用，而在阈值拐点之前，对企业技术创新并没有明显的作用。托马斯（Thomas，2009）对比分析了底特律和芝加哥的金属加工业，发现大气质量监管部门对企业的规制对金属加工业并没有产生不利的影响。贝克（Becker，2011）研究美国环境规制对制造业生产率的影响发现规制成本比较高的地区的企业，规制对企业的生产率影响不显著。内勒和曼德森（Kneller and Manderson，2012）运用动态创新行为模型对英国制造业数据进行实证分析，发现环境规制并没有显著增加企业的研发支出。阿尔布里齐奥等（Albrizio et al.，2017）对经济合作与发展组织（OECD）国家企业数据研究发现环境规制在刺激企业技术创新方面并没有显著作用。

国内有一些学者根据中国企业实践情况对"波特假说"进行了验证，于文超（2013）利用2005年中国企业调查数据实证检验了"波特假说"在中国是否成立，在研究中将企业所有制性质对环境规制与企业之间关系的影响加以考虑。张三峰、卜茂亮（2011）根据我国2006年企业调查问卷发现环境规制强度提高能够促进企业污染减排，实现环境规制和企业效率的"双赢"，所在行业、规模会影响环境规制对企业生产率的作用结果。张各兴、夏大慰（2011）对2003～2009年中国省级面板数据研究发现，环境规制程度的强弱对SO_2排放量和发电行业效率的影响在短期和长期呈现出不同的结果。童伟伟、张建民（2012）对中国制造业企业调查数据分析发现，环境规制能够促进企业进行研发投入，但是这种对研发投入的激励会受到企业所处区域的影响，在东部地区促进效应比较明显，而在西部地区促进作用并不显著。李树、陈刚（2013）运用DID方法对《中华人民共和国大气污染防治法》的修订来研究环境规制对企业的影响，研究发现污染密集型行业的全要素生产率因为法律的修订而有明显提高，而且影响会随着时间的变化发生改变。

还有学者通过研究环境规制强度的动态变化探寻环境规制对企业技术创新的作用。李平、慕绣如（2013）认为环境规制和企业技术创新之间存在三种门槛效应，当环境规制强度比较低时，环境规制能够推动企业技术创新，在恰当的规制水平下，环境规制能够促进企业创新，但是随着环境规制强度的不断增加，环境规制对企业技术创新反而起到相反的作用。王杰、刘斌（2014）根据我国1998～2011年工业企业数据研究环境规制与企业全要素生产率之间的关系，发现二者存在倒N型关系，这种关系随着环境规制强度的变化发生变化，如果环境规制强度比较弱，会对全要素生产率起到制约作用，此时提升环境规制强度，会促进企业进行技术创新，对全要素生产率具有促进作用；但是当环境规制强度不断提升超过了企业的承受能力，就会对全要素生产率具有制约作用。张同斌（2017）研究发现，提高环境规制强度会短时间内给企业带来"阵痛"，然而在之后就可以激励企业创新从而获得"创新补偿"效应，使环境规制的经济效应从"短期损失"到"长期受益"转换。

第四节　企业所有制性质与政府环境规制

企业的所有制性质会导致企业在治理方式上有比较大的差异（颉茂华、焦守滨，2013），随着国有企业改革的不断深入，学者们对有关企业所有制性质的议题进行了大量的研究，梯若尔（Tirole，1993）在现代代理理论的框架下分析比较不同所有权结构企业的规制思路。在其模型中，公有制的成本在于，企业经理的能够被重新配置以服务于公共所有者追求的社会目标的资产上的次优投资，而私有企业的成本在于企业经理要服务于规制者和股东。规制者和股东之间的目标冲突是受规制企业无效率的主要原因，公共企业的多委托人情况产生了低强度激励和较低的经理层租金扭曲效应。

直接针对企业所有制性质对环境规制影响的研究比较少，奥茨和斯特拉斯曼（Oates and Strassmann，1978）最早研究不把利润最大化作为目标的企业进行环境规制的问题，发现产生污染的企业中有一些是公有制企业或准公共企业，通过研究如何激励和引导这些企业的经理人，验证了环境规制背景下的组织行为模型，并建立起一个官僚体系模型，模型中把官僚体系中的领导者——所考察的污染企业的领导者——的行为视为最重要的驱动因素。莱昂（Lyon，1990）在这两位学者的基础上进一步将官僚体系模型进行扩展，并把可交易许可证添加到模型中。科尔斯塔德（Kolstad，1999）将公共机构假设为只投入劳动生产要素在市场中处于垄断地位的生产企业，在生产过程中会产生污染排放，该公共机构的领导者关心两件事：一是企业规模，二是管理过程中自由支配的资金额度。在模型中不包含规制时，公共机构会不断产生污染，直到污染控制的边际成本为零，这和盈利性企业的行为是一致的。在加入环境规制的约束后，如果是规定性环境规制，企业没有可以选择的余地，公共机构会和追求盈利的企业一样行动，如果规制采取的是经济激励性的，那么该公共机构就会追求成本的最小化，并且得出以下结论：环境规制环境下，公共机构和追求盈利的企业行为是不同的，而且规定性规制比激励性规制看起来更好、企业执行的不确定性更小。杨帆、周沂和贺灿飞（2016）认为虽然在经济效率上国有企业受到质疑，但是环境规制政策一般对于国有企业具有很强的针对性，相应的规制体系也比较完善，所以国有企业的环境规制强度更高，而私营企业主要受利润最大化目标的驱动，更容易出现规避环境规制的行为，同时他们对 2005 ~ 2009 年两位数制造业进行研究发现，在产业中如果国有和集体所有企业集中则该产业污染排放强度比较低，而如果私营企业比较集中则该产业污染排放强度较高。黄冬娅、杨大利（2018）以我国大型国有石油石化企业的环境监管为研究对象，研究认为：在环境规制过程中，国有企业会影响到规制机构的独立性，和非公有企业相比，其与政府之间的博弈更加政治化。王媛、刘儒（2019）[1] 通过对比不同地区企业所有制性质、环境污染与经济发展的关系，发现国有企业较多的地区可以较好实现环境管理责任。

还有一些学者是从企业所有制性质对企业社会责任或企业环境绩效影响的角度进行研究（孙烨、孙立阳、廉洁，2009；黎文靖，2012）。王和惠勒（Wang and Wheeler，2003）从宏观角度研究了企业所有权和环境污染之间的关系，通过实证分析发现国有企业对环境污染具有负的效应。[2]。李佳佳、罗能生（2019）基于 1998 ~ 2013 年中国省际面板数

① 王媛，刘儒. 所有权性质、环境污染与经济发展关系的实证 [J]. 统计与决策，2019，35（12）：136 – 138.

② Wang H and Wheeler D. Equilibrium Pollution and Economic Development in China [J]. Environment and Development Economics，2003（8）：451 – 466.

据，通过构建双门槛效应模型和空间动态面板模型研究所有制结构对环境污染的影响，并对所有制结构对环境在不同市场化进程中的影响进行分析，研究结果表明不同所有制对环境的影响具有较大差异，国有企业对环境的影响呈现倒"U"型，而民营企业和外企对环境的影响显著为正。吴延兵（2012）研究认为私营企业具有产权明晰、市场化比较充分的特点，在环境效率方面和技术创新上投入较高。卢现祥和许晶（2012）采用 GMM 方法基于我国 2003～2009 年省级面板研究国有企业、私营企业和外商及港澳台企业与区域工业污染之间的关系，研究结果表明，国有企业和私营企业的环境污染效应均为正。有学者通过分析企业所有制性质对企业污染排放强度的影响，认为国有企业在环境保护方面具有双向效应，在东部地区，工业污染随着国有企业比重的上升而下降，而在中西部地区，工业污染随着国有比重上升而下降的正面效应不显著（耿强、杨蔚，2010）。

国有企业和私营企业相比，由于国有企业为国家所有，使得企业的社会责任感更强，在环境管理方面要优于民营企业，比民营企业的污染水平更低（Earnhart and Lizal，2007；Lee，2010），陈立泰、刘倩（2011）通过建立重庆 2009 年上市公司企业社会责任指数指标体系计算出企业社会责任指数，按照企业所有权类型进行单因素方差分析发现公有制公司的企业社会责任指数比非公有制企业要高，在其所建立的指标体系的一级指标中，企业的节能减排所赋权重最大。还有一些学者从其他角度来进行研究，比如所有制性质对企业价值和创新的影响（孙铮等，2006；雷辉、刘鹏，2013；汪波、章韬、王纯洁，2013；肖作平、黄璜，2013；刘慧龙、吴联生；2014；李后建、刘思亚，2015）。

第五节　企业政治关联对政府环境规制的影响

企业在面临日趋激烈的市场竞争时，会积极主动与政府建立一种良好的关系，希望能够为企业带来更大的利益（克鲁格，1974）。对企业整治关联的研究已经成为研究企业行为的一个重要视角（迪克森，2003；Li and Zhang，2007；胡旭阳、史晋川，2008）。企业政治关联和企业所有制性质被认为是国家所有权以及政治干预盛行的新型经济体中企业环境问题的重要影响因素（Li et al.，2015）。菲斯曼（Fisman，2001）最早把企业和具有政治权力的人之间具有的紧密关系称作"政治关联"。通过学者们对政治关联的不断研究，政治关联的内涵界定也在不断发展。目前被文献普遍采用的是法西奥（Faccio，2006）对政治关联的定义：如果企业股东或者高管是国会成员、部长、地区领导或者与政治人物具有密切关系，则认为该企业具有政治关联。

无论是社会主义国家还是资本主义国家，企业所处的环境包括市场环境和非市场环境，企业在非市场环境中的政治战略和市场环境中的市场战略都能够给企业带来好处，企业的行为也会因为其所处的环境不同而表现出不同的战略（巴伦，1996）。在非市场环境中，决定"游戏规则"的是政治法律等，这些规则对企业经营带来很大影响，这种影响随着政府对企业的规制而变得更加直接。希尔曼（2005）研究发现，如果受到严格规制企业的董事会拥有较多的前政治官员，这些政治官员可以利用信息渠道优势，为企业提供政治资源，这些资源对企业的运营非常有利。环境规制是由于环境问题存在市场失灵，需要政府干预的制度供给，虽然有市场激励型环境规制工具能够实施，但是现实中的环境规制政策是各种规制政策工具的一种组合，而且命令控制型环境规制起到很重要的作用，所以对于企业来说环境规制是一种含有政府行政色彩的非市场环境，在环境规制和企业合规的过程中，企业与政府之间的关系是企业非市场战略的一个重要途径，企业可以借助建立政治关联使得企业获得竞争优势（艾普斯坦，1969；舒勒，1996）。有学者结合资源依赖理论的观点，企业需要从所处的环境中获取发展所必需的资源，这个特点就导致企业对资源控制方的依赖，而在中国特定政治体制和经济转轨背景下，政府掌握着重要的资源，比如土地征用、行政审批、政策监督等，而现阶段民营企业和政府之间的关系就属于这种政治关联关系（张建君、张志学，2005），企业积极主动构建这种关系。边燕杰、丘海雄（2000）认为，建立好的关系网络是促进企业成长和提升企业经济效益的重要途径。

　　一般可以从"政治权力假设"和"政治成本假设"两个层面来分析政治关联的作用，政治权力即假设认为政治关联可以帮助企业进行权力寻租或增加企业与政府的谈判能力。政治成本假设认为，如果企业具有政治关联性则有助于企业被政府关注，被政府监督，减少企业的投机机会，增加企业税负负担（阿迪卡里、德拉希德、张，2006）。施莱费尔和维什尼（Shleifer and Vishny，1994）研究发现民营企业所具有的政治关联可以帮助企业获得更多的政府政策优惠，比如可获得政府的拨款补助、税收减免等优惠政策。在新兴市场里有证据表明企业的政治关联会给企业带来融资便利，而且由于和政府的关系可以在日常经营中获取更多的信息从而带来一些便利（伯川德，2004）。赫瓦哈（Khwaja，2005）通过对巴基斯坦企业信贷的研究发现，拥有政治关联的企业能从国有银行获得专项贷款，而且拥有更加优惠的利率水平。具有政治关联的企业比没有政治关联的企业能借到更多的钱，而且在企业遇经营困难时，具有政治关联的企业更有可能获得政府的援助（法乔，2006）。菲斯曼（Fisman，2001）认为建立政治关联能够使企业的价值得以提升；也可以使企业在面对政府的税收政策时获得更多的优惠（法乔，2006；赫瓦哈和米安，2005）；艾伦等（Allen et al.，2005）认为在中国经济转轨时期，在市场机制和法律制度不够完善的情况下依然能够取得经济的迅速发展，企业寻求的政治关联这一非正式制度可能是一种替代机制起到了正式制度对企业的保护作用。有学者从产权保护角度进行研究，我国法律对公有财产的保护程度要强于对私有财产的保护程度，对民营企业的态度是从一开始的严禁到逐渐允许再到鼓励发展的转变过程，其合法地位是逐渐拥有的。中国民营企业是在计划经济向市场经济转型的过程中发展起来的，缺乏充分的产权保护（周林彬、李胜兰，2003）。民营企业进行政治关联时民营企业家具有政治身份可以部分替代正式的法律制度为企业发展提供产权保护，同时有助于降低企业进入某些行业的壁垒，为民营企业提供成长的机会（胡旭阳，2006）。随着国家改革开放的实施，民营企业得以迅猛发展，但处于经济转轨时期的中国，其市场经济体制和相应的法律体系尚不完善。在市场经济环境中还存在着非市场的环境，民营企业的产权尚不能得到充分保护，其对政治关联的渴望强于国有企业，对政治寻租以及从政治寻租中获得的收益期望也会很大（张建君、张志学 2005；钟宏武，2007）。

有一些学者专门针对民营企业的政治关联问题进行研究，研究认为政治参与是民营企业家现阶段常采用的一种政治战略，通过加入党组织、雇用退休政府官员以及响应政府的慈善捐助等途径建立政治关联，从而获得保护和经济利益。为获得资源、获取保护和免除不必要的麻烦，创造一个安全的企业发展空间，民营企业家具有强烈的政治关联需求，比如通过积极缴纳排污费等相关税费，积极响应政府的相关政策，参与慈善事业等获得政府的认可，当选人大代表或者政协委员。相较于国有企业，民营企业所有者通常更加注重企业的政治关联问题，而和政府之间建立良好的关系对于民营企业而言尤为重要，民营企业希望通过在与政府的政治关联中获得一种通过法律或者正式制度无法获得的支持和保护（希尔曼、扎德库希和比尔曼，1999；彭和希斯，1996；辛和皮尔斯，1996）。蔡宏波、何佳俐（2019）通过对中国私营企业 2008 年和 2010 年的调查数据实证分析，发现私营企业的政治关联对企业的环保治污具有显著的正向影响，具有政治关联的企业环保投入也较高，而且这种正向影响主要是对污染较重的企业作用明显，对于污染不严重的企业作用并不明显。笔者对政治关联如何影响企业治污的机制进行了检验，检验的影响机制为：政治关联促进企业的社会责任意识，企业社会责任意识的加强进一步促进了企业的环保投入；但是政治关联同样对企业的环保投入具有抑制作用，企业的政治关联越高时，会导致企业具有较强的寻租动机，从而抑制企业的环保投入。政治关联程度的高低对企业环保投入的作用是存在差异的，当政治关联度较低时，更多表现为企业的社会责任意识，对企业环境治污具有促进作用，而当政治关联度提高到一定程度时，更多表现为企业的寻租动机，从而对企业环境治污起到抑制作用。关于政治关联对环境规制的负面影响，有学者发现具有政治关联的企业可以利用与政府的关系阻挠或者拖延规制机构的审查，另外当污染事故发生时，还可以利用这层关系借助政府隐瞒真相以减少负面影响。许年行、江轩宇、伊志宏、清波（2013）研究发现环境规制部门对具有政治关联的企业违规查处时存在滞后现象，对其进行处罚周期也要比没有政治关联的企业长。如紫金矿业发生重大污染事故 9 天后才被披露，而通过其年报信息可以发现有多位高管具有政府部门任职经历。

第六节　研究评述

企业所有制性质对环境规制的影响以及政治关联所起的调节效应，国内学者从不同的角度进行了大量的研究，取得了丰硕的成果，为本书所要进行的相关研究提供了大量可借鉴的地方，但是现有文献依然存在可以进行拓展和改进的余地。通过对现有文献的梳理可以发现，学者们对环境规制的研究以 20 世纪 70 年代为分水岭。在此之前，对规制的研究主要集中在经济性规制，而在 1970 年以后，开始出现以环境、安全等为研究内容的社会性规制。国内对环境规制的研究起步比较晚，是在国外已有研究成果的基础上结合中国实际进行研究和发展。相较于经济性规制，对社会性规制的研究比较少，与环境规制有关的研究成果也就更少。

学者们对环境规制的研究是从环境规制制度的需求着手，比如企业生产经营过程中排放污染物引致的负外部性问题，这种负外部性导致社会公众福利损失，而环境资源的公共物品性使得这种负外部性不能仅依靠市场机制来解决，"政府有时候可以改善市场结果"，政府规制能够促进现代社会经济的稳定运行，改进由于市场失灵导致的帕累托效率偏离。这代表社会公共利益的政府需要站出来解决这种市场失灵问题，从而实现环境污染外部性的内部化，国内外学者从此处入手研究各种可用于实现环境资源合理配置的环境规制政策工具，如税收和补贴政策（庇古，1920；尼斯，1962），交易排污许可证（科斯，1960），事实上是提出了基于政府行政命令的环境规制手段和依托市场机制的环境规制手段，而后学者们对这两种解决污染负外部性问题的手段从不同的角度运用不同的方法选取不同的样本进行比较，最终发现两种规制手段各有优劣，而且单独使用其中一种无法解决外部性问题，将两者进行结合反而能够起到更好的效果。随着研究的不断深入，不同学者根据规制部门规制实践对环境规制工具进行分类，这种分类不一而足，有的学者将其分为三类，也有学者分为四类，在种种分类中基本上都包含基于行政权力的命令控制型环境规制和基于市场的激励型环境规制两类，而且更多的学者在研究具体的环境规制政策时，更多是按照这两种分类来进行研究，其他类型的环境规制研究很少。所以本书在接下来政府对企业环境规制的分析中将基于此两种环境规制政策工具。

在企业所有制性质对环境规制影响的研究方面，国内外学者很少有专门针对企业所有制性质对环境规制影响的研究，更多的研究议题在利润最大化的私人企业上。国内的相似文献更多从企业社会责任的角度进行研究，因为企业社会责任指标体系中包含有企业环境责任方面；而其余文献则从企业对区域环境影响的角度研究。有些研究认为国有企业在环境规制合规上做得比较好，也有研究认为民营企业合规行为做得比较好，其中认为国企合规行为表现更好的文献较多。各研究从多个方面分析了导致其结果的原因，比如国有企业具有政策工具功能、国有企业的社会责任、国有企业影响规制机构独立性等，民营企业具有产权明晰和市场化比较充分的特点，然而其中并没有和环境规制的不同政策工具相结合寻找企业所有制性质对环境规制效果影响的相关研究，虽然国有企业经历了几轮企业改革，但是其原有的政治身份和所处产业领域的垄断地位依然有部分延续，除受到环境规制机构的监管之外，还会受到政党内部的激励处罚，国有企业对行政命令控制型环境规制政策工具的制定会产生一定的影响，所以关于企业所有制性质对环境规制的影响会通过环境规制政策不同类型发挥作用。

在关于不同所有制性质企业政治关联对环境规制的影响方面，由于国有企业存在天然的政治关联，国内学者更多将研究重点放在民营企业的政治关联上，而现有文献所研究的议题更多是企业的经济绩效，但对企业通过政治关联作用于环境规制的研究还比较少，而此议题对探究企业所有制性质对环境规制效率影响内在机理无疑存在研究价值和理论意义，本书将政治关联作为企业对环境规制影响的调节变量进行研究，以更好阐释政治关联调节作用下企业所有制性质对环境规制效果影响的作用机理。在关于环境规制的绩效评价方面，国内外学者通过建立指标体系，运用多种分析方法对环境规制绩效进行评价，然而评价的目标是政府环境管理能力、不同产业和不同省市区域之间的对比，在少量对企业环境规制绩效的评价中，存在着不同的研究结论。

第三章

企业所有制性质对环境规制效果
影响的理论分析

企业因其所有制性质不同，在面临政府的环境规制时将会表现出异质性的行为，从而影响到环境规制的效果。为深入分析和探讨企业所有制性质对环境规制效果的影响，有必要对与其相关的理论以及中国环境规制演进及环境规制政策体系进行阐述，进而构建环境规制机构和被规制企业之间关系的分析框架，并对不同所有制性质企业对环境规制影响进行经济分析，与环境规制机构之间影响进行博弈分析，为后文所进行的实证检验做理论支撑。

第一节 相关基础理论阐释

市场失灵使得经济活动偏离帕累托最优，以帕累托最优理想状态为起点，市场失灵要求政府作出一些行动来矫正市场失灵，需要政府制定政策来干预市场。科斯（1964）发现在现实世界中经济活动的机制经常会出现市场失灵。本文将对导致环境问题的市场失灵的原因进行分析，主要阐释自由获取悲剧、外部性理论与企业环境污染、环境规制中的委托—代理关系、环境规制理论。

一、自由获取悲剧

公元前4世纪，亚里士多德发现："无论是什么物品，只要它为大多数人共有，那么它受到的照顾将会很少。"今天，这种现象被称为"公地悲剧"（the tragedy of the commons）。在亚里士多德之后的《查士丁尼法学阶梯》中有这样的规定：根据自然的法律，这些东西——空气、流动的水、海洋以及海岸——属于人类共有。自哈丁的论文《公地悲剧》发表以来，"公地悲剧"的理论很快就成为经济理论的一部分用来分析与人类密切相关的生态环境问题。

环境资源属于开放获取的资源，假设典型企业进行生产的过程中，收益是边际不变的，收益曲线是一条斜率为定值的直线，而企业所消耗的环境资源（比如空气），在生产的开始阶段，环境成本随着企业产出的增加缓慢增长，而当环境资源消耗到一个临界点的时候，假设污染排放物已经达到了自然的容纳范围，环境资源的成本将会加速增长。所以环境资源成本曲线呈现出斜率递增的特征。

企业开放获取环境资源的行为描述如图3-1所示。在没有规制的情况下，企业会选择怎样的产出？不难得出典型企业选择的产量是 Y_0，

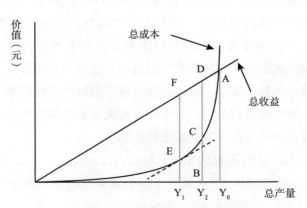

图3-1 企业开放获取环境资源的行为描述

因为在 Y_0 的产量时企业的总收益和总成本相等时，此时企业实现了利润最大化目标，符合古典经济学对企业行为的分析，企业不会选择低于 Y_0 的产量，比如企业选择了在 Y_2 的产量水平上，则企业此时的成本是 BC，而此时的收益为 BD，企业将获得正的净利润 CD，企业继续增加产量能够促进利润的增加。

然而，企业选择 Y_0 的产量对于整个社会来说是令人失望的，因为环境已经达到了一个边际成本很高的水平。此时污染物的排放量已经很大，大到影响人类的生存。

二、外部性理论与企业环境污染

当一个经济主体的经济活动在没有被许可的情况下对其他经济主体造成影响时，外部性就产生了。外部性概念是由马歇尔最先提出的，在其《经济学原理》中将其称为"外部不经济"，后来庇古进一步充实和完善这一理论。外部性是指经济组织的经济行为对外部的影响，使得私人成本与社会成本、私人收益和社会收益不一致的现象，外部性可分为正外部性和负外部性，负外部性是指一种经济行为给外部造成的负面影响，导致他人成本增加，收益减少（王俊豪，2001）。用外部性理论来讨论政府的环境规制开始于史普博（1989）[1]，他在其《管制与市场》一书中给出了外部性的概念，并引入了"内部性"这一概念。作为理性"经济人"的企业在追求自身经济利益进行生产经营时，通常不会顾及对环境造成的破坏，其所产生的成本由公众和公共资源来分摊应该计入企业成本的那一部分。环境问题是典型的负外部性问题，所以本章重点结合负外部性进行分析。对于环境污染来说外部性具有特殊性，可分为空间维度的外部性和时间维度的外部性。

假定个人的效用函数为 $U = U(x_1, x_2, \cdots, x_n, e)$，该函数满足 $\partial U/\partial x_i > 0$，$\partial U/\partial e < 0$。该函数表示消费者消费的商品为 n 种普通消费

---

[1] ［美］丹尼尔·F. 史普博：《管制与市场》，余晖等译，上海三联出版社 2003 年版。

品和环境产品 e（通常是工业生产相伴而产生的"有害的"厌恶品），对于普通商品，消费者对其消费数量可以进行选择，而对于环境产品，消费者是无法进行控制的，在个人拥有 U 的效用时，付出的成本如下：

$$C = px_1 + px_2 + \cdots + px_n + C_e(e) \tag{3.1}$$

其中，$C_e(e)$ 这部分成本是由企业在生产产品和服务的过程中产生的，而这部分成本却由消费者承担。而且环境产品"e"是一种随着数量增加使效用边际递减的"负"的产品。

空间维度的外部性：一个污染源（本章指污染企业）产生的污染可能会存在空间转移，比如对空气污染、水污染和有毒物质排放，甚至对整个区域的生态环境造成危害。而在这个过程中，企业进行生产经营导致对环境的破坏成本将会由所污染区域的公众共同来承担，而企业则只承担其中很少一部分，由此产生了空间维度的外部性。假设区域内有 i 个排污企业，这些企业可能是位于河流上游的排放污水企业或者是位于上风向的废气排放企业，该区域内有城镇会因为企业的排污行为受到影响，这些企业排污对该城镇的影响可用式（3.2）表示：

$$P_j = P_j(e_1, e_2, \cdots, e_i) + H_j \tag{3.2}$$

其中，P_j 为对城镇的污染，e_i 为第 i 个企业的污染物排放，i 个排污企业为 H_j 为这些企业对城镇 j 的初始污染水平。此处假设企业污染排放和污染之间的关系是线性的，则式（3.3）可表示为：

$$P_j = \sum_i \alpha_{ij} e_i + H_j，其中 \alpha_{ij} = \Delta P_j / \Delta e_i \tag{3.3}$$

在式（3.3）中可以看到，如果改变第 i 个企业的排放量 Δe_i，对城镇的污染将改变 $\alpha_{ij} \Delta e_i$，此处 α_{ij} 实质上是企业排放污染对区域内污染空间上集聚的转化率，如果 $\alpha_{ij} = 2$，则第 i 个企业每单位污染排放将会导致在城镇 j 产生两单位的环境污染。

时间维度的外部性：传统的外部性理论仅仅关注污染物排放当期静态污染的问题，时间对于环境污染，尤其是累积的污染物是不能够被忽略的因素。现在排放的污染物，不仅仅对现在一定空间范围内具有负外部性，有些污染物留驻在环境中，需要很长时间才能够完全清除，对将来时期的人也会产生负的外部性。假设环境中现存的污染物为：

$$E_p(t) = \rho E_p(t-1) + e(t) \qquad\qquad (3.4)$$

其中，$E_p(t)$ 表示 t 时期的污染物总量，$E_p(t-1)$ 为上一期污染物的存放量，将其称为存量污染，相应地把 $e(t)$ 称为流量污染，ρ 表示环境对污染物的降解能力，如果 $\rho = 0$ 表示污染物将会被环境全部降解，如果 $0 < \rho < 1$，表示污染物只能部分被环境降解，如果 $\rho = 1$ 则表示这种污染物几乎不能够被降解或者有可能需要很长的时间才能够缓慢降解掉。

$$TC_E = \sum_{t=1}^{\infty} \left(\frac{1}{1+r} \right)^{t-1} C[\rho E_p(t-1) + e(t)] \qquad\qquad (3.5)$$

其中，r 表示未来污染成本的折现率。

从式（3.4）和式（3.5）不难看出，在静态分析中，传统的负外部性只考虑当期第 t 期的污染 $E_p(t)$ 产生的负外部性，而随着时间的推移，累积的污染物将会对下一代生存环境带来破坏，而现在从事生产活动并没有为未来需要付出的成本进行补偿，所以存在时间维度上的负外部性。所以在分析环境规制问题考虑外部性问题，要把未来的负外部性也要考虑在内，正如索洛（Solow，1992）对可持续的定义：要保证下一代和当前一代的处境一样好，而且要使得这种情况一直持续下去。

三、环境规制中的委托—代理关系

委托-代理理论的核心是研究在利益冲突和信息不对称环境下委托人如何设计最优合约来激励代理人。该理论产生于 20 世纪 60 年代末 70 年代初，由一些经济学家在企业"黑箱"理论的基础上对企业内部信息不对称和激励问题的研究发展起来的。现代意义上的委托-代理概念由罗斯（Ross，1973）年提出，如果当事人双方中的代理人一方在行使某些决策权时代表委托人一方的利益，便产生了代理关系。

随着生产力的发展，社会分工更加细化导致生产过程愈加复杂，对专业化水平要求也更高，权利所有人受到自身知识、能力和精力不足的限制，难以行使全部的权利，于是就诞生了一些拥有专业知识能力的人来代理行使这些权利，这就形成了委托－代理关系。委托－代理理论遵循的是以"经济人"假设为核心和以委托人和代理人之间利益冲突和信息不对称两个基本假设为前提的新古典经济学分析范式，其基本分析逻辑是：委托人为追求自身效用最大化，将自己所拥有的或者能够控制的一些资源的决策权委托给代理人，并对代理人提出相应的要求以实现代理人的行为能够有利于委托人。而代理人符合理性"经济人"假设，也会以自身效用最大化为目标，比如较高的薪酬收入和较多的闲暇休息时间。在信息不对称和利益冲突的情况下，如果没有有效的制度安排来约束代理人，代理人在行使决策权时就有可能将自身的利益置于委托人之上，做出有利于自身利益而损害委托人利益的行为，这就产生了代理问题，要解决这一问题，委托人就要建立一套有效的合约来对代理人的行为进行制衡、约束和规范，以减少代理问题，维护自身利益不受损害。

在环境规制中涉及双重委托－代理关系：第一重是代表社会公众利益的立法机构作为委托人和作为代理人的环境规制机构之间的委托－代理关系；第二重是作为委托人的环境规制机构和作为代理人的污染企业之间的委托－代理关系。在第一重委托代理关系中，存在着社会公众和立法机构与规制机构之间的信息不对称问题，公众和立法机关希望拥有一个舒适洁净的环境，希望通过立法有效控制环境污染，而规制机构对企业的环境污染和治理成本掌握一定的信息，如果存在企业有俘获规制机构的行为，则环境规制机构就存在为自身利益而相继抉择采取环境规制的行动，导致环境污染规制难以达到社会公众的期望。在第二重委托－代理关系中，污染企业和相关利益集团掌握着企业污染排放和污染治理成本的信息，而环境规制机构掌握的信息不完全，污染企业在面临环境规制机构时利用自身信息优势采取策略性行动影响规制者对环境规制政策的制定。张红凤、张细松（2012）对环境规制中的委托—代理关系分析如图 3－2 所示。所以在环境规制过程中要建立完备的具备有效制衡机制的合约来解决代理问题，以实现环境规制目标。

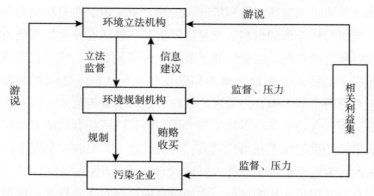

图 3 – 2　环境规制中的委托—代理关系

资料来源：张红凤、张细松等：《环境规制理论研究》，北京大学出版社 2012 年版。

四、企业所有制性质理论

在马克思的社会主义理论中，所有制性质理论是很重要的内容之一。马克思社会所有制理论是在对资本主义社会基本矛盾科学分析的基础上建立起来的，资本主义社会的基本矛盾是社会化大生产与生产资料私人占有之间的矛盾，要通过消灭私有制来解决这一矛盾。"国家真正作为整个社会的代表所采取的第一个行动，即以社会的名义占有生产资料，同时也是它作为国家所采取的最后一个独立行动"（恩格斯，1878），马克思和恩格斯的国有经济思想诞生于通过实现生产资料公有制来解决资本主义社会基本矛盾的过程中。国有经济是生产资料公有制的一种实现形式，是社会主义生产和发展生产力的一种手段。

要理解不同所有制企业和企业的性质，也就是要理解本文主要研究的国有企业和民营企业，首先要明白什么是企业，"一个交易是在企业内部组织还是由独立的签约者在市场中进行，取决于进行市场交易的成本和在企业内进行交易的成本比较"（科斯，1937）。

什么是国有企业？《政治经济学词典》中将国营企业定义为："无产阶级专政国家代表全体劳动人民占有生产资料，并在国家统一计划指导下，由国家经营并实施独立核算的经济单位。"《经济大辞海》中对国营企业的定义是："由国家直接经营的工业、商业、交通运输业等企业，统称为国营企业。国营企业的生产资料归全体劳动人民所有，生产经营符合国家计划要求。"这两个定义没有太大区别，都强调了所有权是全民所有的，由国家计划经营。将国营企业说法改为国有企业是在1992年的《经济大辞典》中对国有企业的定义：国有企业是指生产资料归社会主义国家所有而把经营权委托经营者的全民所有制企业。2008年《中华人民共和国企业国有资产法》对国企进行的新的定义，将国企称为国家出资企业，包括国家出资的国有独资企业、国有独资公司、国有资本控股公司和国有资本参股公司，这个新的定义是在一系列国有企业改革的基础上得出的，现在的国有企业基本上实现了产权的多元化。本书中所定义的国有企业和此定义有些许不同，对于国有资本参股的公司，如果国有资本占比较少，对企业没有足够的影响力和控制力，不能划归国有企业。戴锦（2016）通过对不同社会制度下的国有企业进行对比认为，不同社会制度下的国有企业具有一个共性，就是国有企业是政府拥有或控制的企业。本书结合联合国（1975）和欧共体（1980）对国有企业的定义以及相关法律以及学者们的研究，将国有企业定义为：国有企业是由政府独资或参股，由公共所有并由公共及其代理人政府控制和支配的，以市场的方式向社会提供产品和服务的经济组织。

　　科斯回答了企业存在的原因是对市场制度的一种替代，然而这个回答只是对西方国家的私人企业存在性的一种解释，并没有回答国有企业为什么存在，这需要通过分析国有企业的职能来回答，国企的职能也就是在国家和地区的发展过程中，国企起到了什么样的作用。在计划经济时期，国企是国家计划政策的执行者，起到了政策工具的属性，国企完全承担了国家的经济政策，国家的经济建设主要依靠国企，国企掌握着国家的经济命脉，在国家的经济建设中起到主导作用，还包括城市就业、物价稳定以及社会保障等。在市场经济时代，市场这只"看不见的手"无法自己克服外部性等市场失灵问题，此时国有企业就可以发挥作用，执行国家经济调控政策，减少市场的盲目性和自发性，防范经济风险，促进国民经济平稳有序发展；对于投资额巨大、盈利性不强的基础设施建设以及公共产品属性产品的提供，社会效益远大于经济效益，由于民营企业的逐利性，很难吸引到民营企业进入该领域，需要国有企业来进行生产建设，在社会层面，国有企业兼顾实现公共目标、促进就业、实现国家社会建设等目标，另外，国有企业还具有一些政治功能，比如国家的经济安全等。所以，国有企业已经不单单是科斯所描述的那种企业，不仅仅是市场机制的一种替代企业，而是在某种层面上代表政府进行生产，来执行政府的经济政策。

所以国有企业和一般的企业（本文指纯粹的市场主体民营企业）既有相似之处，也有很大的不同。首先，出资人不同，国有企业的出资人是政府，所有权属于国家，民营企业的出资人是企业法人，企业法人拥有企业的所有权，从出资人方面就能够推测出国企是在国家掌管的权力下进入市场的一些领域，拥有公权力这一政治优势，在市场的竞争中，对民营企业具有先天的优势。其次，国有企业的法律规定性不同，对于国有企业有专门的配置和调整公权力的法律法规，而民营企业适用于一般的企业法律，虽然国有企业也适用于一般的法律，但是在有些方面会对国企设有专门的特别规定。再次，国有企业的领导人是由组织部门或国资委任命，领导者享受不同级别的政治待遇和行政级别，而民营企业的管理者主要是由出资人担任或者出资人选择。最后，企业的目标不完全相同，民营企业目标单一即追求企业利润最大化，虽然也会肩负一些社会责任，但国有企业经营目标相对于民营企业较多样化，除了使企业保值增值之外，还要肩负起提供公共服务、执行国家经济政策等目标。

五、环境规制理论

环境规制属于社会性规制的重要组成部分，是政府旨在提高社会福利水平、纠正市场失灵，通过制定政策措施对企业的行为进行约束和调节，从而实现环境和经济的可持续发展。环境规制政策的实施需要解决两个基本的问题：一是如何权衡环境保护和环境资源的使用；二是怎样才能使得企业在适度的范围内使用环境资源。而对于政府对企业的环境规制而言，环境规制目标具有双重性：一方面要控制环境污染的水平，实现环境污染排放量小于环境自身净化能力，实现环境资源的可持续利用；另一方面环境规制和经济规制类似，也要提高资源的配置效率，促进企业管理效率（于良春、黄进军，2005）。

而解决环境规制基本问题需要政府规制机构出台相应的环境规制政策，现有不少学者对环境规制政策工具进行研究，具有不同的分类方法，环境规制可分为正式和非正式的环境规制，正式的环境规制又可划分为命令控制型和以市场为基础的激励型环境规制（张嫚，2006）；赵玉民、朱方明和贺立龙（2009）受印度 Chipko 运动的启发，把环境规制分为显性环境规制和隐性环境规制，显性规制又分为命令控制型环境规制、激励型环境规制和自愿型环境规制，并提出了隐性规制的感念；张红凤和张细松（2012）根据环境规制的演变轨迹，将环境规制的发展划分为三个阶段，根据这三个阶段将环境规制工具分别称为命令和控制型环境规制、基于市场型环境规制和信息披露型环境规制。结合现有各国政府对环境规制政策的实践以及学者们对环境规制的研究，本文将采用克尔斯塔德（Kolstad，1999）的分类方法将环境规制工具类型分为以下三种，分别是基于政府行政权力的命令控制型环境规制、以市场为基础的激励型环境规制和充分发挥企业主观能动性的自愿型环境规制。

（一）命令和控制型环境规制

命令和控制型环境规制（prescriptive regulations）也被称作规定型规制，是指立法和行政部门等环境规制机构通过制定法律、法规和政策确定对企业的具体行为作出的标准要求，用政府行政权力命令企业遵守相关的标准，对于没有符合标准的企业进行相应的处罚。

环境规制工具中命令和控制型环境规制出现比较早，尤其是实行计划经济管理为主的国家。这种规制工具有两种基本形式：技术标准和绩效标准，技术标准是对企业生产技术和排污治理的技术进行规定，规制机构通过对企业污染治理的成本收益分析确定一个能够实现社会福利最大化的治污目标，选择一个能够实现上述目标的技术；绩效标准是政府确定一个允许企业经济活动中每单位产出最大的污染物排放量标准，对污染企业的产量、排污量或排污强度进行限制（张红凤，2012）。两种形式对比可以发现，绩效标准比技术标准更具灵活性，绩效标准的主动权在于企业，更具灵活性、更具有激励性，在满足政府规定的环境绩效条件下，企业可以自己选择适合自己企业特点的排污技术，从效率角度来分析，绩效标准效率更高。在现实的规制实践中，通常是将绩效标准和技术标准结合使用。

命令和控制型环境规制目前还是很多国家进行环境规制的重要方式，其具有的优点如：命令控制型环境规制更具有行政效率，对于复杂的环境问题有更好的适应性，在一个各类型污染企业较多的区域，很难形成一整套有针对性高效的减排或者激励措施，即使有一定的激励措施，污染企业对激励也很难有反应，规定性规制就可以在较短时间内给出一个确定的答案（尽管可能不是最优的）。命令和控制型环境规制还有另外有一个优点就是该规制工具可以很好地简化其对企业是否合规的监督，比如在采用技术绩效时，规制机构要求企业安装某种污染控制设备，规制机构只需要检查企业是否按照规定安装了设备就可以实现对企业规制合规的监督。当然，命令和控制型环境规制也存在一些缺点，首先是有较高的信息成本，规制机构要出台一项规制法律法规和政策需要，对每一种行业和各类型企业进行详细分析，分析的前提是需要污染企业提供充分的污染信息以及企业的控制污染成本，而企业在提供污染信息时有充分的动机对信息进行筛选扭曲，同时规制机构还要充分了解各项最新技术信息以选择通常被认为最优的最可行的技术设备，还要确定污染物排放控制的最佳水平等，这些信息的获取都需要很高的成本。命令和控制型环境规制的另外一个缺点是行政命令的强制措施降低了企业搜寻适合该企业的最佳污染控制的激励，由规制机构制定刚性一刀切的绩效标准和技术标准，企业只能按照既定的标准来执行，尤其是针对技术标准，企业没有激励去寻求更好的技术设备、改善更佳的污染控制办法和投资于减排的技术创新，很多规定性管制对创新的激励较弱（雅费和斯塔文斯，1995）。

（二）激励型环境规制

激励型环境规制是基于市场自身调节机制的环境规制政策工具，把环境污染看作是一种有负效用的"商品"，污染者在利用环境资源进行生产时产生这种产品，由于外部性作用，会使得整个社会福利受损，就应该为这种商品买单付费，政府利用市场传递的信号引导企业做出相应的行为。这类环境规制工具可分为价格型规制和数量型规制，其中价格型规制的理论依据是庇古税，数量型规制的理论依据是产权理论（张红凤，2012），一般有四种基本的激励手段：补贴、可交易许可证、环境税费和押金返还。

补贴是一种对企业减排成本的补偿，是对污染减少的一种支付。这种激励性环境规制对企业具有较好的激励作用，但是会诱使企业在补贴制度的开始进行更多的排污，误导政府对其进行更多的补贴，在短期内会产生更多的污染。特别是表现在对能源和原材料的补贴政策，这一政策的补贴更多地是针对国有企业，导致价格扭曲。

可交易许可证又被称为"总量控制与交易制度"，由达尔斯（Dales）提出，该手段类似于将规定性规制转换成一种由市场调节的激励性交易。政府根据环境的容纳能力首先界定一个环境可接受的污染总量，将环境资源的使用权赋予企业，企业可以根据自身情况，通过市场交易污染权，市场机制对排污许可证进行定价，企业可以通过比较排污节约边际成本来确定自己对许可证的需求量，市场机制的作用节约了信息成本，提高了资源的配置效率，能给企业提供一种更强的激励。但是可交易许可证制度的顺利实施需要一些前提，比如政府对排污总量的正确界定、政府对市场交易的监督、政府对企业排污状况的监督以及处罚。

环境税费是庇古税理论在环境规制理论中的一种应用。是指规制机构要对企业每单位污染的排放收取相应的费用，实质上是对企业生产过程中所使用的环境资源的一种补偿。在短期内，企业可以根据减排边际成本和环境税费进行比较，如果企业减污效率比较高，也就是边际减污的边际成本比较高，那么企业就可以选择交纳环境税费，而环境税费将会成为企业的成本，企业就会主动减少污染，可以有效控制企业的污染水平。从长期来看，可以促进排污效率低成本高的企业进行技术创新，使用更先进的生产设备或者生产技术，减少对环境的污染，从而降低所缴纳的环境税费，节省企业成本。

押金返还制度是一种组合的环境规制政策工具，使用者在使用可能对环境造成污染的商品时，需要交纳一定额度的押金，当使用结束时交还到规定的地点，将押金返还的制度。该制度是通过经济激励的方式将规制者需要对企业的监督转换为企业本身的一种自觉行为，降低了规制者监督的成本，但是该制度存在一个问题，就是在确定押金数额的时候，如果押金数额较低，将不会起到激励的作用，如果数额过高，将会增加企业的成本。当前世界上的押金返还规制手段主要使用于有害的废弃物和有毒的物质等。

市场激励型环境规制与命令控制型环境规制工具相比具有更多的优势。首先，借助于市场机制作用，减少了政府在规制过程中的信息问题，对企业进行规制时不需要去调查核算企业的减污成本；其次，还可以对企业进行一种创新激励，促进企业长期过程中通过技术的革新实现对污染的控制，这也符合整个环境的可持续发展。当然，建立一整套适应当前环境需要的、有效降低排污的、完善的复杂的市场激励型环境规制体系是比较困难的，而且在很大程度上，激励型环境规制还存在着一些政府方面的问题，比如，激励型环境规制中的方法涉及政府的转移支付，排污税费涉及政府的收入，而政府的利益驱动使得税率可能会在偏高的水平上，将会提高企业的运营成本；在环境收费的处理上，也存在国有企业和民营企业之间的区别对待（鲍尔，1983），拉丰和梯若尔（Laffont and Tirole，1996）针对激励型规制提出了一个潜在的问题，他们认为，如果市场上许可证的数量是固定的，创新会使许可证的价格下降，导致创新的收益减少。

第二节　被规制企业与环境规制机构之间的关系分析

一、环境规制视阈下规制机构与企业关系分析框架

环境规制的关键问题是政府如何在社会的期望下实现对企业的正确引导和约束，要想让企业在追求利润最大化的同时兼顾对污染排放的控制，显然企业在政府环境规制下难以实现古典经济学中企业的目标，政府在对企业进行规制时也难以做到精确控制，对于政府来说面临来自社会公众和企业的两方面压力，如何达到社会期望的环境水平目标，如何获取企业的真实成本以及兼顾被规制企业的利润目标。图 3 - 3 是一个简单的在环境规制视阈下政府、企业和社会公众的关系图，本章的研究重点为规制机构和被规制企业之间的关系。

图 3 - 3 由三部分组成，分别代表着政府、企业和公众，在不同的国家和规制相关的政府构成不一样，在美国立法系统是国会，规制部门是 EPA，司法部门是联邦法院；在英国，立法机构是议会，规制者是环境、粮食和农村事务部，司法机构是法院和上议院。

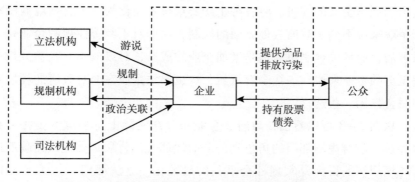

图 3 - 3　环境规制视阈下政府、企业和社会公众的关系

图 3-3 中以中国规制构成的一般表述为例，立法部门是全国人大，规制的行政部门是生态环境部、部属派出机构以及地方环保部门，司法部门是法院和检察院。立法部门通过制定环境规制相关法律，为环境规制部门的规制行为提供法律依据，司法部门对规制行政部门的行为进行司法调节，直接作用于污染企业的是规制的行政部门，所以，对于第一部门的和政府规制相关的部门，分工不同，对环境规制的作用机理不一样，会导致规制过程中出现一些问题，比如，立法机构对污染者的规制是间接的，在立法的过程中会受到来自具有政治关联企业的影响，比如有些企业法人具有人大代表资格，一些企业会对立法部门进行游说，以期能够在立法过程中获得对自己有利的法律条款。而直接实施环境规制政策的部门，比如我国的生态环保部、美国的 EPA 等，只是政府的组成部门之一，规制部门在实施规制政策过程中，可能会和政府以及其他组成部门目标不一致，这也会影响到环境规制政策的实施，特别是地方的环境规制机构，比如环保规制部门更加关注的是如何才能降低污染水平，而政府和其他部门更加关注的是经济增长、就业和社会保障，而对企业的环境规制会对经济的增长产生影响。在中国，地方政府和环境规制部门的这种目标不一致性表现得更为突出，这也导致环境规制的政策执行大打折扣。中国规制部门还具有自身特点，规制机构具有自己制定部门规章的权力。

第二部分是被规制者——企业。按照古典经济学对于企业的定义，企业是一个追求利润最大化的经济组织，企业的经济决策和经济行为总会出于利己主义的动机。将各种生产要素投入变化为产出。环境规制对于企业来说不同于政府其他方面的规制，比如对于经济性规制企业是有需求的，而环境规制更多地是增加企业的成本，对以成本—收益分析利润至上的企业来说，往往会有抵触，这也导致企业在面对政府的环境规制时会作出一些选择。

从图 3-3 可以看出，政府、企业和公众实际上是多重的委托-代理关系。政府规制部门的角色是公众的代理人，公众是委托人，政府进行环境规制的目标是实现社会福利的最大化，立法部门（人大）是由公众选举产生，人大代表选民的利益，制定相关规制法律法规维护公众的利益，规制企业的经营活动。立法机构（人大）代表公众作为委托人，规制机构作为代理人执行规制法律，这是第二层的委托代理关系。蒋一苇（1980）认为，企业独立的经济利益是其发展壮大的内在动力，企业和国家之间的关系不是行政隶属关系，应该是经济和利益关系，规制机构和企业之间也是一种委托代理关系。

二、环境规制机构与被规制企业之间的均衡分析

为了便于分析环境规制部门与被规制企业之间的关系，假设环境规制涉及的是一个只有政府和企业两个部门的简单的经济系统，其中规制部门是代表公众利益的政府，其对企业进行的规制事实上是政府提供的一种"产品"（埃克隆德，1998），假设政府在生产这种"产品"的过程中需要投入的生产要素只有劳动和资本两种，生产出来的产品为当时社会公众可接受的最高污染水平，生产函数为：

$$GR = GR(L, K)，满足 \partial GR/\partial L \geq 0，\partial GR/\partial K \geq 0 \qquad (3.6)$$

政府规制投入的生产要素越多，生产出来的规制"产品"产量越大，实施上对应于环境规制的强度，也即每一个环境规制产出水平，都对应于一个环境规制强度。企业利用生产要素进行生产，同时伴随着非期望产出——污染的产生，而且企业产生的污染量随着企业产出的增加而增加，假设企业进行生产需要的生产要素同样只有劳动和资本且生产技术既定的条件下，生产函数为：

$$PE = PE(L, K)，满足 \partial PE/\partial L \geq 0，\partial PE/\partial K \geq 0 \qquad (3.7)$$

企业生产出的污染产量随着要素投入的增加而增加。

假设两部门的经济系统中全部的劳动和资本都用于政府生产规制"产品"和企业生产非期望的污染产品。生产要素劳动和资本是有限的和稀缺的，本章借鉴一般均衡理论来对劳动和资本在两种产品生产中的分配进行分析。

如图 3-4 所示，左下角表示的是政府的环境规制"产品"，右上角表示企业在生产过程中相伴生产出来的污染产品，横轴表示劳动的投

入，纵轴表示资本的投入。盒状图中的 R_1、R_2、R_3 曲线表示的是政府环境规制产品的无差异曲线，即在既定的无差异曲线上所代表的环境规制产出是相同的，随着生产要素资本和劳动投入的增加，环境规制产出会随之提高，所以 R_2 的产出水平高于 R_1，R_3 的产出水平高于 R_2，相应地，R_2 的规制强度高于 R_1，R_3 的规制强度水平高于 R_2。对于企业生产，P_1、P_2、P_3 是企业污染物生产的等产量线，即在同一条等产量线上，不同的要素组合所产生的污染量是相同的。如果劳动和资本投入增加，企业生产出的产品数量增加，则相应产生的污染也会增加。所以 P_1、P_2、P_3 所代表的污染物产量是依次递增的。在企业组织生产的过程中，所产生的污染物是伴随着企业生产社会需要的产品而产生的，企业生产的产品越多，所产生的污染量越大。

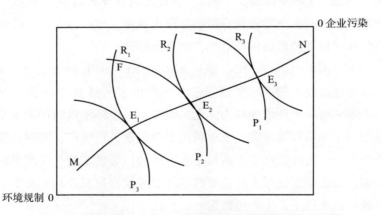

图 3-4　环境规制产品和企业污染产出间的埃奇沃斯盒状图

按照一般均衡理论分析原则，政府环境规制产品的无差异曲线和企业污染量等产量线的切点处（图 3-4 中的 E_n）的要素组合符合帕累托最优原则。E_n 的集合构成了曲线 MN，该曲线上的点都满足帕累托最优，是生产要素配置最优效率的点。MN 外的其他点都存在帕累托改进的可能性。例如在 F 点的要素组合就不是资源配置的最优点，假设 E_2 点处的污染水平是规制者所代表的公共利益可接受的，则需要政府加强规制，增加环境规制的投入，企业则通过调整资源投入组合，缩减生产来使得整个经济系统中的要素重新配置，实现规制机构所代表的公众所能接受的污染水平。在调整的过程中依赖于企业和公共利益的代理人——政府规制机构的博弈结果。

第三节　中国环境规制的演进变革与政策体系

现代意义上的环境规制在中国经历了从无到有再到逐步完善的过程，环境规制指导思想经历了"污染治理"到"新时代生态文明观"的演变，这一过程随着中国经济的发展呈现阶段性特征。

一、中国环境规制的演进与变革

中国的经济经历了建国初期的高度集中的计划经济体制到改革开放后逐步建立社会主义市场经济，环境规制也随着经济体制的转变发展进行演进和变革，环境规制政策也逐渐由单一的行政命令转换为多种政策工具相结合（见图3－5），环境规制机构体系也得到不断发展完善（见图3－6、图3－7）。本章将这一过程的阶段性特征划分为环境规制相对匮乏阶段（1949~1970年）、环境规制起步阶段（1971~1991年）、环境规制快速发展阶段（1992~2011年）和全面提升阶段（2012年至今）四个阶段。

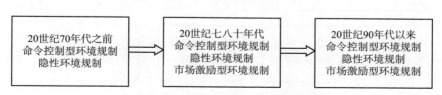

图3－5　环境规制政策演进过程

资料来源：赵玉民、朱方明、贺立龙：《环境规制的界定、分类与演进研究》，载《中国人口·资源与环境》2009年第6期。

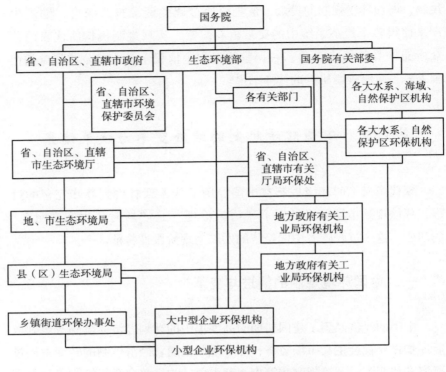

图 3 - 6　中国环境规制机构体系

资料来源：张红凤、张细松等：《环境规制理论研究》，北京大学出版社 2012 年版。

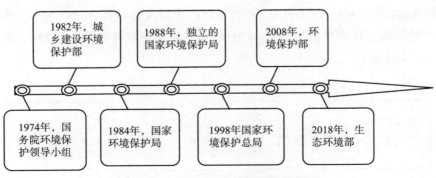

图 3 - 7　中央环境规制机构改革历程

（一）环境规制萌芽阶段

新中国成立初期，政府实施的是高度集中的计划经济体制，国家工业化刚刚起步，环境污染问题并不严重，只是在局部地区存在而且污染程度比较轻，政府和民众环境保护意识尚未觉醒，对污染治理认识不足，甚至出现"社会主义是不会产生污染的，谁要说有污染就是给社会主义抹黑"的论断，中央还没有成立专门的环境保护机构及制定全国性的环境规制法规。

此阶段环境管理工作主要效仿苏联模式，由有关部委负责监管，比如为应对工业新建项目可能出现的环境问题，卫生部在苏联顾问的帮助下于1953年设立卫生监督室，由于监督需要和国家建委联合于1956年颁布了《工业企业设计暂行卫生标准》。"大跃进"时期，在急于求成思想影响下，生态环境遭到了比较严重的破坏。政府对于出现的环境问题做出了防治措施，对工业废水的处理利用在建筑工程部《关于工业废水危害情况和加强处理利用的报告》中有明确规定，同时还提出了"三同时"的思想，在全国掀起了对"工业三废"的利用潮，对一些盲目建立的企业进行关停并转。这一时期虽然没有中央的环境保护机构，但是地方在工业污染防治上作出了积极的努力，一些地方成立了环保机构，北京、上海、天津、新疆和黑龙江等省份以及武汉、南京、青岛、哈尔滨等市相机成立了"工业三废"治理利用环保机构。一些省市因地制宜有针对性地制定了相关的法规和文件，比如哈尔滨市颁布了管理工业三废的法规和文件，北京市政府为防止噪声污染颁布了《关于减少城市嘈杂声音的规定》，这些地方性文件比中央指导性文件更加具有针对性，更加具体和可具操作性。一些地方开始对环境进行调查和监测，重庆市对长江重庆段水质情况，工业三废的污染以及生产性噪音进行调查测定。上海、淄博等市对城市环境进行监测，没有统一的方法，精度也不高。但是可以算作中国环境监测工作的起步探索。

总之，在这一阶段虽然有对环境问题采取的行动，但是有些措施仅仅局限于某个区域，就全国来看，实施三废治理和"三同时"措施的地方和企业比较少，加之经验上的欠缺和技术落后，认识和执行力不足等原因，对于环境污染的治理效果不好。该阶段环境规制问题主要是环境规制机构和环境规制法规的匮乏，虽然也有部分省市建立了类似的环境保护机构，部分部委在相关文献中也有对环境问题的规定，但是还没有真正现代意义上的环境规制，处于环境规制的萌芽阶段。

（二）环境规制起步阶段

20 世纪 60 年代受极左思想影响，决策层和群众对工业化进程中产生的环境污染问题认识出现偏差。环境保护问题没有引起政府足够的重视，公众的环保意识也比较淡薄。据统计，20 世纪 60 年代末中国部分地区的环境污染问题已经相当严重，日益严重的污染问题引起周恩来总理的关注，据不完全统计，1970～1974 年，周恩来总理有 31 次讲话是关于环境保护问题的。随着中央的重视和民众环保意识的觉醒，中央政府第一个环保机构"三废"利用领导小组于 1971 年在国家计划委员会成立，1972 年应邀参加联合国人类环境会议，1973 年 1 月，国务院环境保护领导小组筹备办公室成立，1973 年 8 月召开第一次全国环境保护会议，会议上通过了《关于保护和改善环境的若干规定（试行草案)》，该规定是我国环境法的雏形，标志着中国现代环境规制开始起步。中国环境规制开始向法制化和制度化迈进（张坤民，1994）。1974年 5 月，国务院设立了由国家计划委员会、工业、交通、卫生等二十多个部委组成的环境保护领导小组，协调全国的环境工作。1979 年 9 月颁布的《中华人民共和国环境保护法（试行）》明确要求国务院设立环境保护机构，"省、自治区、直辖市人民政府设立环境保护局，市、自治州、县、自治县人民政府根据需要设立环境保护机构"。根据该法的规定，成立了省市级别的环境保护机构，一些国有企业也成立了自己的环境保护机构，负责本部门内部的环境保护工作。1982 年国务院将原环境保护领导小组并入级别较高常设的城乡建设环境保护部，随后地方政府也作出了相似的调整。由于调整后认识缺乏统一，导致环境保护监管工作反而被削弱。1983 年第二次全国环境保护会议召开，会议将环境保护确立为我国必须长期坚持的基本国策，会议还提出要把环境管理作为环境保护工作的中心环节，明确环境监管工作的重要性。为统一组织和协调全国性环境保护工作，1984 年 5 月，国务院成立了环境保护的协调机构国务院环境保护委员会。其职能主要是对地区和各部门环境保护工作的监督、指导和协调。省市县各级人民政府也做出相应调整，此时，地方各级人民政府是所辖区最高环境规制机关。为强化国家环保职能，1984 年 12 月将隶属于城乡建设环境保护部环境保护局改为国家环境保护局，享有相对的独立性，1988 年 4 月，国家环境保护局从城乡建设环境保护部独立出来，升格为国家环境保护总局成为国务院直属副部级机构，标志着中国环境规制机构建设的一个新的阶段。1989 年 12 月，《中华人民共和国环境保护法》正式通过，对环境污染的防治作出了原则性规定，并在第七条明确规定中国环境保护监督管理体制。

此阶段环境规制方面的法律法规主要有：《工业"三废"排放标准》（1973）、《中华人民共和国海洋环境保护法》（1982）、《中华人民共和国水污染防治法》（1984）、《中华人民共和国大气污染防治法》（1987）、《关于防治水污染技术政策的规定》（1986）、《关于防治造纸行业水污染的规定》（1988）、《中华人民共和国环境保护法》（1989）等。

（三）环境规制快速发展完善阶段

1992 年党的十四大确立了建立社会主义市场经济体制的经济体制改革目标，标志着中国开始构建社会主义市场经济体制框架。伴随着经济体制改革的进程，环境规制得到快速发展。

该阶段是环境规制的快速发展完善阶段，国家对环境规制工作认识高度不断提升，环境规制法制建设不断完善，环境规制政策工具不断增加。1992 年，中国政府参加联合国环境与发展大会，签署《联合国气候变化框架公约》和《生物多样性公约》，发布我国环境保护工作的纲领性文件《关于出席联合国环境与发展大会的情况及有关对策的报告》，提出中国环境与发展领域十大问题的对策，成立中国环境与发展国际合作委员会，国家环境保护局还制定了环境行政处罚、防止铬化合物污染、环境监理执法标志等方面的规定，并首次在全国开展环保系统执法检查。首次将环境保护年度计划指标纳入国民经济和社会发展计划。1993 年第八届全国人民代表大会设立环境保护委员会，召开第二次全国工业污染防治工作会议，实现工业污染防治思想的三个转变：逐步从末端治理为主转变为工业生产全过程控制、污染物排放控制由侧重浓度控制变为浓度与总量控制相结合、工业污染治理由分散的点源治理转变为集中控制与分散治理相结合。1994 年正式成立中国环境标志产品认证委员会、中国绿色食品发展研究中心。为打击环境犯罪问题，1997 年在《刑法》中增加"破坏环境和资源保护罪"，这对环境规制的法制建设具有突破性意义，因破坏环境资源保护罪被判刑第一案于1998 年 7 月开庭审理。同年，国家环保总局还对四川省聚酯股份有限公司违反"三同时"制度进行处罚，这是国家环保总局首次执行环境行政处罚。2002 年党的十六大将环境保护列为全面建设小康社会的总体目标之一，给环境规制带来了机遇和挑战，国务院召开第五次全国环境保护会议，完成《国家环境安全战略报告》。2005 年国务院提出三个转变：保护环境与经济增长并重。要实现环境保护和经济发展同步的转变，环境规制政策工具开始发生转变，由主要依赖行政命令转变为综合使用经济、法律、技术和必要的行政命令，标志着环境保护进入以保护环境促进经济发展的新阶段，是中国环境规制史的一个里程碑。2007 年党的十七大将建设资源节约型、环境友好型社会写入党章，同年，国务院第一次以国发形式发布《国家环境保护"十一五"规划》，是深入贯彻落实科学发展观，指导经济社会和环境协调发展的纲领性文件，在我国环境保护历史上具有里程碑意义。2008 年，撤销原国家环境保护总局组建环境保护部（正部级），环境规制机构的权威性进一步加强。2011 年第七次全国环境保护大会召开，会议提出了"在发展中保护、在保护中发展"的重要环境治理和发展模式。

这一阶段我国环境规制理念发生了重大转变，从以前将经济增长放到第一位转变为环境保护和经济增长并重的科学发展；环境规制政策工具也由之前的以行政命令为主转变为经济、法律、技术等手段和必要的行政命令相结合的方式；中央环境规制机构行政级别逐渐提升到国务院直属的部委。中国的环境规制得以快速发展并逐步完善。

此阶段环境规制方面的法律法规主要有：《排放污染物申报登记管理规定》（1992）、《征收工业燃煤二氧化硫排污费试点方案》（1992）、《环境保护计划管理办法》（1994）、《环境监理人员行为规范》（1995）、《环境噪声污染防治法》（1996）、《酸雨控制区和二氧化硫污染控制区划分方案》（1998）、《环境标准管理办法》（1999）、《环境保护设施运营资质管理办法》（1999）、《环境影响评价法》（2002）、《清洁生产促进法》（2002）、《环境保护行政处罚办法（修正案）》（2003）、《清洁生产审核暂行办法》（2004）、《环境保护行政许可证听证暂行办法》（2004）、《环境信访办法》（2006）、《环境行政复议与行政应诉办法》（2006）、《环境信息公开办法（试行）》（2007）等。

（四）环境规制全面提升阶段

2012 年党的十八大召开，提出"五位一体"的总体布局和坚持节约优先、保护优先和自然恢复为主的方针，生态环境问题得到空前重视。党的十九大进一步强调"必须树立和践行绿水青山就是金山银山的理念，坚持节约资源和保护环境的基本国策"。十八大以来，生态文明被提升到了一个新的高度，成为"五位一体"总体布局的一部分，"新发展理念""生态文明"和"美丽中国"写入党章和宪法，尤其是在2018 年召开的全国生态环境保护大会上，正式确立习近平生态文明思想，生态环境问题已经上升为党的意志、国家意志。

这个阶段对环境立法进行的修订和补充如下：2014 年全国人大常委会对《环境保护法》进行修订并通过，在具体的环境规制制度和措施上有了较大进步，在打击环境违法犯罪上取得较大突破，使得该法结构上更加充实完整，新的《环境保护法》更具现实针对性、未来前瞻性和权利义务均衡性，彰显国家解决环境问题的决心，为新时期环保工作奠定了基础。2015 年十二届全国人大常委会第十六次会议修订通过

《大气污染防治法》，修订后的新法主线更加清晰、重点更加突出、内容更加完备、监管更加严密。对解决大气污染问题提供了更有针对性和操作性的法律保障。2016 年全国人大常委会通过了我国首部"绿色税制"的单行税法《环境保护税法》，标志着我国实施 40 年的排污费制度被税收取代，环境保护的"费改税"工作完成。2018 年全国人大常委会通过《中华人民共和国土壤污染防治法》。在环境规制机构改革上，2018 年机构改革中新组建生态环境部，统一行使生态环境和各类污染排放的监管和行政职责，进一步优化国家环境规制机构职能配置，有利于解决部门之间职能交叉和标准冲突的问题。同时组建生态环境保护综合执法队伍，加强环境执法的独立性、权威性、统一性和有效性。

这一时期我国处于环境规制的进一步提升阶段，环境规制政策体系进一步完善，环境规制指导思想已经上升为习近平生态文明思想，环境规制法律进一步修订，环境规制机构改革实现职能进一步优化。环境规制已经从之前对污染的被动治理发展到主动构建生态文明体系，实现人与自然和谐共生的高度。

二、中国环境规制政策体系

从中国环境规制历史来看，一直带有"行政命令有余，市场手段不足"的计划经济色彩（张晓，1999）。自 1973 年 8 月第一次全国环境保护会议召开以来，我国环境规制政策体系发生了多次重大转型，从政策理念、指导思想、政策工具等多方面经历了重大变化。其中政策工具从单一的命令控制型发展到市场激励性和命令控制性相结合。我国的环境规制政策伴随着我国从高度集中的计划经济体制到社会主义市场经济的体制改革过程，从新中国成立初期政府主导的行政权力"一刀切"，实现短期有效控制环境污染问题的目标，但是单一政策的被动、缺乏灵活性、激励不足、规制成本高等特点逐渐凸显。随着市场经济体制的建立，市场激励性环境规制政策工具不断涌现，实现了污染治理和企业效益的双赢，但是市场激励性环境规制也有一定的缺点，市场机制的无序性导致排污权交易难以实现。所以我国环境规制政策体系历经 40 余年的发展，形成了一系列适合我国国情的环境规制政策。具体政策手段主要包括命令控制性环境规制政策和市场激励性环境规制政策。

（一）命令控制型环境规制政策

命令控制型环境规制政策主要包括环境标准制度、"三同时"制度、排污许可证制度、环境影响评价制度等。

1. 环境标准制度

环境标准制度是关于环境标准的分类分级、制定和实施的规定。根据环境规制需要，每年都会对部分已有标准进行修改并制定新的标准，2019 年制、修订 96 项国家生态环境标准。我国在 1999 年通过《环境标准管理办法》，环境标准可分为国家标准和地方标准，还可分为强制性环境标准和推荐性环境标准，其中强制性标准包括环境质量标准、污染物排放标准和法律行政法规规定必须执行的标准，强制性环境标准以外的环境标准属于推荐性标准，国家鼓励采用推荐性标准，有时推荐性标准也有可能变为强制性标准。

2. "三同时"制度

"三同时"制度是我国独创的一项环境规制政策工具，指新建、改建或者扩建工程项目的防治污染设施必须与主体工程同时设计、同时施工、同时投产使用。该项制度开始于 1973 年国务院颁布的《关于保护和改善环境的若干决定》。1979 年的《环境保护法（试行）》和 1989 年的《环境保护法》都有对"三同时"制度的规定，保证了项目建成后能够在污染防治方面达到国家标准，是一种将规制过程实施于全过程的政策工具。

3. 排污许可证制度

排污许可制度指对环境可能存在污染的待开发建设项目、经营活动和各种规划，建设者和经营者需要向主管部门进行申请，待主管部门审核批准并颁发许可证之后才能从事活动的一项环境规制工具。该项制度在我国开始于 1988 年国家环保总局颁布的《水污染物排放许可证管理办法》,1989 年国务院批准国家环保总局发布《水污染防治法实施细则》对企事业单位排污许可证进行了规定,2000 年修订了《大气污染防治法》将排污许可证扩展到大气污染治理领域。

4. 环境影响评价制度

1979 年《中华人民共和国环境保护法(试行)》中就对环境影响评价制度进行了原则性规定,1989 年的《环境保护法》进一步明确了该项制度,规定"建设项目的环境影响报告书,必须对建设项目产生的污染和对环境的影响做出评价,规定防范措施,经项目主管部门预审并依照规定的程序报环境保护行政主管部门批准,环境影响报告书经批准后,计划部门方可批准建设项目设计任务书"。2002 年,全国人大常委会通过了专门针对环境影响评价制度的《环境影响评价法》,对环境评价的程序方法等作出了明确的规定。

(二) 市场激励型环境规制政策

我国现行的市场激励型环境规制政策额工具主要包括排污费(税)制度和排污权交易制度。

1. 排污费(税)制度

我国的排污费制度开始于 20 世纪 70 年代,在《环境保护法(试行)》中就有"按照规定收取排污费"的规定,1982 年,国务院发布《征收排污费暂行办法》规定对于超过国家排放标准的排放着征收超标排污费。1989 年的《环境保护法》进一步规定:超标的企事业单位,依法缴纳排污费并负责治理。2003 年国务院发布《排污费征收使用管理条例》,对排污费的征收力度进一步加大,使得排污费制度进一步完善。2007 年国家环保总局发布《排污费征收工作稽查办法》,加强对该项制度的管理。排污费在提高企业成本,促使企业减少排污方面发挥了积极作用,但是也存在诸多的问题。2016 年全国人大常委会通过了我国首部"绿色税制"的单行税法《环境保护税法》,标志着我国实施 40 年的排污费制度被税收取代,环境保护的"费改税"工作完成。

2. 排污权交易制度

排污权交易制度需要一个完善的市场平台，该制度尚处在试验阶段。1999 年，中国国家环保局与美国环保局签署合作协议，在中国开展"运用市场机制减少二氧化碳排放研究"，辽宁本溪和江苏南通作为最早的试点，标志着我国运用排污权交易的开始。2002 年江苏南通市大生港发电有限公司售价 20 万元向一家大型化工有限公司出售二氧化硫排放指标，是我国第一例排污权交易。2009 年 3 月财政部和环境保护部批复浙江省在钱塘江流域和太湖流域杭嘉湖地区开展化学需氧量排污权有偿使用和交易试点。2014 年国务院发布《关于进一步推进排污权有偿使用和交易试点工作的指导意见》，使得排污权有偿使用和交易试点工作的总体要求、工作目标、政策框架、保障措施等方面内容更加明确，指导地方开展试点工作。截至 2018 年 8 月，一级市场征收排污权有偿使用费累计 117.7 亿元，在二级市场累计交易金额 72.3 亿元。目前，全国已有 28 个省、市、区开展了试点，总体上看，试点取得阶段性成效，减少污染物排放或腾出富余的排污权指标交易获利，激发了企业引进新工艺新技术加大污染物治理力度的积极性，在通过市场手段促进污染物减排的探索路上迈出了一大步。

第四节　不同所有制性质企业与环境规制机构之间的博弈分析

一、政府环境规制与国有企业之间的博弈

由于环境资源的公共品性质以及企业使用环境资源所带来的负外部性，在既定的环境资源和技术条件下，规制者和被规制企业可以调整自己的行为从而实现要素更有效率的配置，规制者可以实现社会福利最大化，企业可以实现对自身利润的追求。随着经济的发展，人们的环保意

识不断提升，政府对环境问题愈加重视，环保问题已经成为政府进行决策的重要影响因素，也逐渐成为企业进行决策的硬约束。在政府规制机构对国有企业进行环境规制时，涉及两个层面的博弈关系，一个层面是代表公众福利的政府规制机构和在社会公众对清洁环境需求的压力下和制度以及道德的约束下的国有企业，另一个层面是规制机构作为委托人对国有企业经营者这个代理人的一种环境规制激励。

国有企业在面临环境规制时和民营企业有不同的态度和行为是由其自身特点所决定的。首先，国有企业的政策性功能，要率先积极执行国家相关环境保护政策；其次，国有企业规模一般比较大，有些企业在市场上处于垄断地位，拥有雄厚的财力和技术研发或者采取最新技术的能力，有部分环境规制标准就是由国有企业参与制定的，所以对于企业所采用的技术标准，规制者可以有比较好的了解；再次，国有企业的所有制性质，决定了企业在进行生产的过程中，不能仅仅考虑企业的经济利润，还要注重企业的形象，所以对于排污问题比较谨慎，在面临违规排污所导致的行政命令式环境规制的惩罚风险时，国有企业表现出风险规避的特点；最后，国有企业的预算软约束和经营者政府任命以及附加环境业绩的考核晋升机制，也使得国有企业在环境规制政策的执行方面表现出风险规避特点。

博弈论可分为合作博弈和非合作博弈，二者的区别在于在博弈的行动和博弈交互过程中参与各方是否能够形成并遵守具有约束力的协议，合作博弈论主要研究参与各方的决策相互影响时的利益均衡问题。协调博弈是一类特殊的博弈，博弈参与者个体利益和集体利益基本一致的博弈，是一种对于参与者来说合作要比不合作要好的博弈。在博弈过程中，参与人获得利益更多是通过协调来完成。

环境规制机构对国有企业进行规制的决策以及国有企业的应对环境规制的决策是通过两者之间谈判博弈来决定的。博弈的参与主体是作为环境这种公共品的利益代表者——政府和排污的国有企业，影响规制者的规制决策有当前社会的经济发展水平、社会公众的环境保护意识、规制机构的独立性水平、环保组织的影响力等。影响国有企业对规制作出相应博弈决策的因素有企业规模、企业市场地位、企业治污的技术水平、企业行政层级等。

政府环境规制机构与国有企业之间是两个参与者两种策略的完全信息协调博弈，本章首先用相对简便的偏离损失乘积法进行分析。假设 $G = \{S_f, S_r; u_f, u_r\}$ 所代表的国有企业和环境规制机构博弈的战略式表述中含有两个纯战略纳什均衡和一个混合战略纳什均衡，在 2×2 的博弈支付矩阵中，两个纯战略纳什均衡位于矩阵的主对角线上，由奇数定理，还会存在混合策略的纳什均衡，而博弈论一般会优先选择纯策略纳什均衡，本章着重讨论博弈的纯战略纳什均衡。假设两个纯战略纳什均衡为 s^* 和 s^0，国有企业偏离 s^* 的损失为 u_f^*，偏离 s^0 的损失为 u_f^0；政府规制机构偏离 s^* 的损失为 u_r^*，偏离 s^0 的损失为 u_r^0。此时比较 $u_1^* \times u_2^*$ 和 $u_1^0 \times u_2^0$ 的大小，如果 $u_1^* \times u_2^* < u_1^0 \times u_2^0$，则 s^0 即为风险占优的，否则，s^* 为风险占优的。接下来将利用风险占优均衡对环境规制机构和国有企业之间的博弈进行分析。

为简化分析，本章做以下假设：（1）以不确定性条件下理性人选择分析为框架的 VNM（Von Neumann and Morgenstern）效用函数来作为规制者的效用函数。国有企业的效用函数满足：遵守环境规制的期望效用要大于不遵守规制的期望效用。博弈参与者的均衡解满足各方目标效用的最大化。（2）假设参与双方之间的博弈是一次性且对称的，规制者和国有企业之间是信息完全的，规制者对国有企业的排污情况、污染治理技术和治污成本都了解。（3）规制者是风险中性的，即政府规制机构在博弈中获得的期望效用和实际所获得的博弈支付是相等的，国有企业管理者对于违反规制所遭受的惩罚是风险规避的，也即在此博弈中获得的期望效用小于博弈中获得的支付。（4）假设环境规制者和国有企业双方共同面临着一个容量固定的环境状况，即环境中能容纳的污染量（本章指公众所能接受的环境污染的最严重程度时环境可接受的排污量）为 V，也即该博弈为常和博弈。在以上几种假设的前提下，规制者代表的是公众的利益，追求的目标是尽可能让企业减少污染物的排放，而国有企业虽然有其不同于一般企业的特点，但是作为企业对利润的追求使得企业也在尽可能争取更多的利润，在生产阶段不采取污染治理的情况下，只能通过减少生产来实现，而对污染治理的投资也导致的成本增加。

在参与者双方博弈过程中，假设国有企业的排污量就是其实际的博弈支付，设其为 u_f，规制者的博弈支付为环境中所能容纳的总污染量减去企业的排污量，设为 u_r，因为前面假设规制者和国有企业分别是风险中性的和风险规避的，所以两个参与者符合以下条件：

$$Eu_f < u_f; \quad Eu_r = u_r; \quad u_f + u_r = V \tag{3.8}$$

在国有企业风险规避的假设条件下，假设其期望效用函数为：

$$Eu_f = (u_f)^b, \quad 其中 \ b < 1 \tag{3.9}$$

所以有 $u_f = (Eu_f)^{1/b}$，代入条件 $Eu_r = u_r; \quad u_f + u_r = V$

可得到：

$$(Eu_f)^{1/b} + Eu_r = V \tag{3.10}$$

根据完全信息协调博弈的风险占优均衡偏离损失乘积比较法，相对于极端情况的规制者和国有企业谈判破裂使得支付为零的情况，风险占优均衡应满足以下条件：

$$\max[(Eu_r - 0)(Eu_f - 0)] = \max[Eu_r \times (V - Eu_r)^b] \tag{3.11}$$

对上式进行最大化求导运算可得：

$$(V - Eu_r)^b + Eu_r \times b \times (V - Eu_r)^{b-1} \times (-1) = 0 \tag{3.12}$$

可得：

$$Eu_r = \frac{V}{b+1} \tag{3.13}$$

类似可得：

$$Eu_f = \frac{bV}{b+1} \tag{3.14}$$

所以在假设国有企业为风险规避的条件下，规制者和国有企业的均衡解为：

$$S^* = (Eu_f, Eu_r) = \left(\frac{bV}{b+1}, \frac{V}{b+1}\right) \tag{3.15}$$

因为 $b < 1$，所以：

$$Eu_f = \frac{bV}{b+1} < Eu_r = \frac{V}{b+1} \tag{3.16}$$

通过比较不难发现，在政府对国有企业的环境规制博弈中，在假设规制者为风险中性和国有企业风险规避的假设前提下，政府规制获得的期望支付要大于国有企业的期望支付，即国有企业所排放的污染量将会减少。

基于委托－代理理论的国有企业环境规制博弈分析如下：

随着国有企业改革的不断推进，国有企业已经建立起了以委托－代理关系为基础的现代企业制度，委托－代理理论认为，现代化企业是由一系列委托－代理关系构成，该理论主要研究信息不对称条件下委托人和代理人之间的激励监管问题。民营企业的委托－代理关系比较简单，是简单的资本性委托－代理，而国有企业的委托－代理关系相对较为复杂，不仅仅包含和民营企业一样的资本性委托－代理，还包括行政性委托－代理，国有经济是社会主义全民所有制经济[①]，国有资产属于人民，国家政府通过法律形式确定了国有资产的代理人身份，全体人民是委托人，国家政府是国有资产的所有者，这一层的委托－代理关系具有行政性委托－代理性质，在政府与国有企业之间则是资本性委托－代理和行政性委托－代理同时存在，这种委托代理已经不仅仅是一种经济合约，很大程度上也是一种政治性的权责关系，代理人就是国有企业的经营者，国有企业的经营者不同于民营企业的职业经理人，其"理性人"的需求不仅仅包含经济性需求，还包括政治前途、权力和声誉等非经济性需求。把国有企业经营管理好是国有企业经营者的经济业绩，也是一种有利于自身政治发展的"政绩"。

党的十九大报告指出要着力解决环境问题，更加明确生态文明建设的具体任务。政府在对领导干部的政绩考核中加入了环境指标权重，将环境保护指标作为官员晋升的影响评价指标。国有企业经营者同样面临

---

① 谢地：《中国国有经济角色的历史定位——学习习近平总书记系列讲话关于国有经济的论述》，载《理论界》2015年第9期。

着政治晋升的问题，同时，环境污染问题一旦发生，将会影响到经营者自身的声誉以及长远发展。所以在经营管理企业时，会将环保问题纳入自身的政绩目标中。为简化分析，本章把国有企业经营者的多重目标简化为经济性目标和环境保护目标，也即经营者面临着能够体现自身能力并从中获得报酬的企业经济绩效和维护自身声誉与环保政绩的执行环境规制政策激励。

为分析面临环境规制和国有企业保值增值两种任务的政府和国有企业经营者之间的委托－代理问题，本文借用霍姆斯特姆和米尔格罗姆在其线性委托－代理模型基础上发展起来的多任务委托－代理模型。依然假设规制者是风险中性的，国有企业的经营者是风险规避的，效用函数为指数效用函数，经营者有遵守环境规制和实现企业经济绩效两种任务，其中环境规制政策的遵守是委托人政府规制机构所给予经营者的任务，企业的经济绩效是经营者自己想要从事的本职任务。经营者对两种任务的努力程度是政府无法观察到的信息，但可以通过努力产生的其他业绩来传递信号，每个任务只有一个业绩指标。经营者收益由线性激励合约给定，其努力行为的成本是在两个任务上努力的程度和的函数。

假设经营者的努力水平是一次给定的，用 $e = (e^1, e^2)$ 表示经营者在遵守环境规制和企业经济绩效的努力向量；经营者努力的期望收益为 $\pi(e^1, e^2)$，努力的成本为 $c(e^1, e^2)$，假定 $\pi(\cdot)$ 满足条件 $\pi'(\cdot) > 0$，$\pi''(\cdot) < 0$，$c(\cdot)$ 满足条件 $c'(\cdot) > 0$，$c''(\cdot) > 0$，经营者的努力程度可以通过下式表示可以观察到的业绩信息：

$$\chi = \varphi(e^1, e^2) + \varepsilon \tag{3.17}$$

其中 $\varphi: \mathbb{R}^2_+ \to \mathbb{R}^k$ 满足条件 $\varphi'(\cdot) > 0$，$\varphi''(\cdot) < 0$，$\mathbb{R}$ 表示实数，k 表示可以观察到的信息的数量，ε 为服从正态分布的随机变量，均值为 0，协方差矩阵为 $\sum$，本文中的两个任务模型的简单描述为：

$$\chi = \begin{bmatrix} \chi^1 \\ \chi^2 \end{bmatrix}$$
$$\chi^1 = \varphi^1(e^1) + \varepsilon^1 \tag{3.18}$$
$$\chi^2 = \varphi^2(e^2) + \varepsilon^2$$

即经营者对不同任务的不同努力程度反映了不同的信息，χ^1 反映的是在环境规制方面的努力 e^1，χ^2 反映的是在企业经济绩效方面的努力 e^2。经营者是风险规避者，假设具有不变的风险规避的效用函数，而且努力所导致的负效用的成本 $c(e^1,e^2)$ 可以用货币进行衡量。可以将经营者的工资报酬看作是可观察到的业绩信息的函数，即 $w = w(\chi)$，不妨设为线性形式：

$$w = w(\chi) = \alpha + \beta^1\chi^1 + \beta^2\chi^2 + \cdots + \beta^k\chi^k = \alpha + \beta^T\chi \quad (3.19)$$

经营者的等价性收入为：

$$\alpha + \beta^T\varphi(e^1,e^2) - \frac{1}{2}\psi\beta^T\sum\beta - c(e^1,e^2) \quad (3.20)$$

其中 α 为固定工资部分，$\beta^T\varphi(e^1,e^2)$ 为经营者自己对自身付出努力的期望工资报酬，ψ 是对风险规避的度量系数，$\beta^T\sum\beta$ 是等价性收入方差，政府的期望收益为：

$$\pi(e^1,e^2) - \alpha - \beta^T\varphi(e^1,e^2) \quad (3.21)$$

由委托 - 代理理论模型分析框架可知固定工资 α 只对政府和企业经营者之间的分配产生影响，并不影响 β^T 和努力程度向量 (e^1,e^2)，在给定 β^T 和努力程度向量 (e^1,e^2) 的情况下，α 决定于经营者的保留效用。所以，此时政府要解决的是如何选择 β^T 来实现：

$$\max\left[\pi(e^1,e^2) - \frac{1}{2}\psi\beta^T\sum\beta - c(e^1,e^2)\right] \quad (3.22)$$

且应满足经营者的激励相容约束条件：

$$(e^1,e^2) \in \mathrm{argmax}\,\beta^T\varphi(e^1,e^2) - c(e^1,e^2) \quad (3.23)$$

为简化分析，不妨假定 $\varphi(e^1,e^2) = (e^1,e^2)^T$，则可观察信息变量为：

$$\chi^1 = e^1 + \varepsilon^1$$
$$\chi^2 = e^2 + \varepsilon^2$$

对于 $\forall e^i \gg 0$，$i = 1,2$，满足经营者的激励相容约束条件式 (3.23) 可以简化为：

$$\beta^1 = \frac{\partial c(e^1,e^2)}{\partial e^1} = c^1(e^1,e^2),\ \beta^2 = \frac{\partial c(e^1,e^2)}{\partial e^2} = c^2(e^1,e^2) \quad (3.24)$$

可以从式（3.24）中得出经营者的努力 e 也是 β 的函数，即 $e^i = e^i(\beta^T)$，$i = 1$，2。进一步可得到：

$$\frac{\partial \beta}{\partial e} = [c^{ij}] \text{ 或} \frac{\partial e}{\partial \beta} = [c^{ij}]^{-1} \tag{3.25}$$

其中：

$$\frac{\partial \beta}{\partial e} = \begin{bmatrix} \dfrac{\partial \beta^1}{\partial e^1} & \dfrac{\partial \beta^1}{\partial e^2} \\ \dfrac{\partial \beta^2}{\partial e^1} & \dfrac{\partial \beta^2}{\partial e^2} \end{bmatrix}; \quad [c^{ij}] = \begin{bmatrix} c^{11} & c^{12} \\ c^{21} & c^{22} \end{bmatrix}$$

表达式（3.25）表明经营者的努力水平受到 β^T 变化的影响，即如果假设经营者在两种任务上的努力的边际成本是相互独立的，则对环境规制上的努力的激励不影响在企业经济绩效上工作的努力，由式（3.24）和式（3.25）可以得到政府最大化式（3.22）的一阶条件是：

$$\beta = \frac{\pi'}{1 + \psi[c^{ij}] \sum} \tag{3.26}$$

其中 I 是单位矩阵，$\pi' = (\pi^{1'}, \pi^{2'})^T$ 是一阶偏导向量，$\pi^{1'} = \partial \pi / \partial e^1$，$\pi^{2'} = \partial \pi / \partial e^2$ 分别表示国企经营者在环境规制上所付出努力的边际收益和在企业经济效益上付出努力的边际收益，如果随机变量 ε 是独立分布的，则经营者在两种任务上的努力的成本函数也是独立的，即满足 $c^{ij} = 0$（$i \neq j$），此时式（3.26）可简化为：

$$\beta^i = \frac{\pi^i}{1 + \psi c^{ii} \sigma_i^2}, \quad i = 1, 2$$

此时最优的 $\beta = (\beta^1, \beta^2)$ 是相互独立的，即企业经营者在给定任务上的努力独立于其他工作上的努力，其中 c^{ii} 表示边际成本变化率，表示方差 σ_i^2。

在现实中，对企业环境保护的努力进行测度的难度往往要大于对企业经济绩效的测度，尤其是对于民营企业，在环境规制政策的实施过程中，企业优先选择可以拥有自主选择权的市场激励性环境规制政策，基于个体企业自身特点选取相应的合规行为，当企业经营者进行两种任务的努力，其中一种不能测度，一种可以进行测度时，不妨设努力 e^2 不能进行测度，那么此时唯一的信息是：$\chi = \chi^1 = e^1 + \varepsilon$，如果有 $e \gg 0$，则有：

$$\beta^1 = \frac{\pi^1 - \pi^2 c^{12}/c^{22}}{1 + \psi\sigma_1^2 [c^{11} - (c^{12})^2/c^{22}]} \tag{3.27}$$

如果 $c^{12} < 0$，$|c^{12}|$ 越大，则 β^1 越大，也就是说如果用在企业经济效益上的努力和环境保护上的努力成本是互补的，对企业经济效益的激励应该加强，反之，如果 $c^{12} > 0$，则用在企业经济效益上的努力和环境保护上的努力的成本是替代的，对企业经济效益的激励应该减弱，因为较高的 β^1 将导致企业经营者将过多的精力用在企业的经济效益上，而忽略对环境保护的努力。一般来说，$c^{12} > 0$，政府可以通过两种办法来诱使企业经营者增加对两种任务在任何一种任务上的努力，一是直接奖励的办法，二是减少机会成本，弱化其他任务上的激励。所以要激励企业经营者积极进行环境保护，执行环境规制政策，实施合规行为的办法就是减少经营者在企业经济效益方面的激励。

表达式（3.27）意味着，如果 $\pi^1 < \pi^2 c^{12}/c^{22}$，$\beta^1 < 0$ 是最优的，或者如果政府不能使得企业经营者在环境规制合规上花费最小的努力 $e^2 > 0$，既使企业经营者在企业经济效益上的努力是可以进行测度的，$\beta^1 = 0$ 也是最优的，例如，如果 $\pi^1(e^1, 0) = \pi^2(0, e^2) = 0$，$\sigma_2^2 = \infty$ 意味着 $\beta^2 = 0$，假定 $c^2(0) = 0$，因此 $e^2 = 0$，那么激励企业经营者在企业经济效益上的努力是没有意义的，因此，$\beta^1 = 0$ 是最优的，尽管 $\beta^1 > 0$ 可能会使得企业经营者选择 $e^1 > 0$。当 $\beta^1 = \beta^2 = 0$ 时，$e^1 = e^2 = 0$，总的确定性等价为：

$$\pi(0, 0) - \frac{1}{2}\psi\,\mathrm{var}(0) - c(0, 0) = 0$$

如果 $\beta^1 > 0$，$e^1 > 0$，总的确定性等价为：

$$\pi(e^f, 0) - \frac{1}{2}\psi\beta_f^2\sigma_f^2 - c(e_f, 0) = \frac{1}{2}\psi\beta_f^2\sigma_f^2 - c(e_f, 0) < 0$$

由此可见，只有当企业经营者对企业经济效益和环境规制合规的努力收益函数 $\pi(e^1, e^2)$ 表现为每一种努力都有独立的价值时，对企业经济效益的激励才是有价值的。

二、政府环境规制与民营企业之间的博弈

民营企业不同于国有企业，按照新古典经济学的企业生产函数理论，企业利用生产要素进行生产，主要是劳动、资本、土地和企业家才能等，具有公共物品性质的环境资源在一开始并没有被当作企业的生产投入要素，企业也不需要为此付出会计意义上的成本。企业只需要进行生产为市场上提供产品和服务来实现利润最大化的目标，而政府的环境规制会使得企业为消耗的环境资源付出成本，直接提高了企业的生产成本。所以，民营企业对于环境规制的合规行为一般不是主动所为，如果没有环境规制的约束，民营企业的天然逐利性特点将会使得其专注于实现其利润最大化的目标。当然在现实中民营企业也会在政府规制机关对其进行规制前的环保行动，可能是基于企业的社会责任，或者是应对政府规制而实施的"先下手为强"的战略风险规避策略①，或者是环保投资的"双赢"假说。② 有学者也指出环境规制者应该努力让企业主动行使合规的行动，要想让企业进行积极主动的环保行动，需要政府合理的规制政策和企业共同作用。对于民营企业来说，由于企业规模相对于国有企业来说要小，企业数量较多，所处的市场结构多为竞争性的市场结构，企业所处的行业及生产的产品也更多样化，环境规制政策工具有命令控制性规制和市场激励性规制，命令控制性环境规制工具对于民营企业来说存在诸多弊端，比如技术标准对于企业所使用的污染治理技术和采用的设备都加以详细规定，虽然降低了规制机构的规制成本，但是却使得被规制企业损失了成本的有效性，降低了企业进行研发采取新技术降低排污成本的激励，也失去了民营企业本身具有的自主选择的灵活性

---

① Maxwell W, Lyon P, Hackett S. Self Regulation and Social Welfare: The Political Economy of Corporate Environmentalism. Journal of Law and Economics, 2000, 43: 583–618.

② Porter E, Linde C. Toward a New Conception of the Environment Competitiveness Relationship. Journal of Economic Perspectives, 1985, 9: 97–118.

和在规制环境下市场机制对环境治理的调节能力。另外，众多企业分布于不同的区域内，而不同的区域的地方政府作为理性经济人在执行全国性的环境规制政策时可能会出于自己利益的考量，对环境规制政策"消极执行"，我国的民营企业较早建立起了现代企业管理制度，委托人的目标是能够实现环境资源的利用效率最大化，即在执行环境规制合规标准的情况下实现企业经济利润最大化，而代理人只有在能够发挥企业更多自主选择性的基于市场的激励性环境规制下才能够和委托人实现目标的一致性。所以，政府规制机构与民营企业之间的博弈与同国有企业的博弈不同，更多体现为非合作博弈。

政府环境规制与民营企业之间的非合作博弈：不同于国有企业更倾向于执行命令控制性环境规制政策，来完成自身的"环保绩效"政绩任务，使得国有企业和环境规制者之间更接近于完全信息。对于民营企业而言，因为其数量较大、规模较小、分散于各个行业，这些企业更加注重的是利润最大化，面对强度不断增加的环境规制，自然也希望能通过最大限度地节约成本来实现合规目标。对于规制者来说，几乎不可能确切掌握单个企业的污染治理成本，而被规制企业一般对自己的污染治理成本具有精确的了解。除非规制者所设计的规制体系能够使得规制者目标和企业目标一致，否则，当规制者要求企业披露污染治理的相关信息时，排污企业将会选择隐藏信息，或者披露错误信息误导规制者。学者夸雷尔（Kwerel，1977）设计了一个模型用来分析当规制者和企业之间存在信息不对称的情况下，在企业面临环境规制时企业对规制者隐瞒信息欺骗规制者的激励，并设计了一个能够使得企业可以披露真实环境污染治理成本的机制。按照规制者和被规制企业之间存在信息不对称，被规制企业对信息具有偏在优势，则被规制企业在与规制者之间的博弈中占据优势。所以，精明的企业会利用信息优势采取策略性行动影响规制者对环境规制政策的制定。

规制者相对于被规制企业来说处于信息劣势的地位，所以规制者要努力设计一种能够使得企业"讲真话"的规制政策以使得企业能够自觉执行环境规制政策，同时也能够使得规制政策更具针对性并拥有更高的效率。洛布和马加特（Loeb and Magat，1979）提出了委托人是规制者代理人是让企业说真话的机制模型，模型使用显示法说明规制者怎样设计一整套有效的规制政策以使得被规制企业披露详细的信息，但是LM 模型会带来社会不公平问题，使得消费者剩余减少，而企业的生产者剩余增加。本章借鉴 LM "说真话"模型，通过激励和约束机制设计，使得被规制企业披露其成本信息以及排污和治理信息，以最终实现规制者的社会福利最大化目标。激励和约束机制包括对积极合规的企业给予相应的税收优惠和补贴等激励，同时对非合规企业进行相应的惩罚。

假设参与双方为环境规制者和代表性的被规制的民营企业，企业通过调整产量来进行决策，规制者需要设计出恰当的激励措施，激励企业以规制者的目标来进行生产和排污，假设规制者能够观察到被规制企业产品的市场需求状况，以及企业的产量、排污量和所排放污染对社会的损害。企业的生产成本和治污成本是企业自己拥有的私人信息。

设企业的产出为 Q，$P = P(Q)$ 为该企业的消费者的逆需求函数，该函数满足 $\partial P / \partial Q < 0$，设 x 为所排放的各种污染物的总量，其排放的污染量由企业的产量和在规制条件下企业在污染治理方面的努力程度（用企业在污染治理方面的投资额来表示）来决定，因此，该代表性企业污染排放的函数可表示为 $x = x(Q, e)$，该函数满足 $\partial x / \partial Q > 0$，$\partial x / \partial e < 0$，即表明企业的污染排放量与企业的产量正相关，与在规制条件下企业的污染治理投资额负相关；企业所排放的污染物对社会造成的福利损失为：$L = L(x)$，满足条件 $L(0) = 0$，$L'(x) > 0$，$L''(x) \geqslant 0$；企业进行生产和环境规制下污染治理的总成本为：$C = C(Q, e)$，满足 $\partial C / \partial Q > 0$，$\partial C / \partial e > 0$。

假设政府规制机构是以实现社会福利最大化为目标，即在政府的规制政策下，企业进行调整产量和污染治理投资满足：

$$(Q^*, e^*) \in \operatorname{argmax} w = CS + \pi \tag{3.28}$$

其中 CS 为消费者剩余：

$$CS = \int_0^Q P(u)\,du - L(x) - P(Q)Q \qquad (3.29)$$

π 为企业的利润，$Q > 0$，$e > 0$：

$$\pi = P(Q)Q - C(Q, e) \qquad (3.30)$$

在完全信息下，求解福利最大化时的企业产量和污染治理投资额组合 (Q^*, e^*)

只需令：

$$\frac{\partial w}{\partial Q} = P(Q) - L'(x)\frac{\partial x}{\partial Q} - \frac{\partial C}{\partial Q} = 0 \qquad (3.31)$$

$$\frac{\partial w}{\partial e} = -L'(x)\frac{\partial x}{\partial e} - \frac{\partial C}{\partial e} = 0 \qquad (3.32)$$

假设式（3.31）和式（3.32）有唯一解，则满足规制者实现社会福利最大化目标的企业生产以及污染治理组合为 (Q^*, e^*)。

对于被规制的企业来说，目标是在被规制条件下实现利润最大化，设政府对企业进行征税，征税额由两部分构成，一部分是企业生产经营的税收，一部分是企业排污税，假设税收函数为 $T = T(Q, x)$，此时企业的利润为：

$$\pi_r = \pi - T(Q,x) = P(Q)Q - C(Q, e) - T(Q, x) \qquad (3.33)$$

在政府进行环境规制时，企业实现利润最大化的一阶条件为：

$$\frac{\partial \pi_r}{\partial Q} = P(Q)Q + P'(Q)Q - \frac{\partial C}{\partial Q} - \frac{\partial T}{\partial Q} - \frac{\partial T}{\partial x}\frac{\partial x}{\partial Q} = 0 \qquad (3.34)$$

$$\frac{\partial \pi_r}{\partial e} = -\frac{\partial C}{\partial e} - \frac{\partial T}{\partial x}\frac{\partial x}{\partial e} = 0 \qquad (3.35)$$

对比规制者实现社会福利最大化和企业利润最大化的一阶条件，由式（3.32）和式（3.35）可得：

$$\frac{\partial T}{\partial x} = L'(x) \qquad (3.36)$$

由式（3.31）、式（3.34）和式（3.36）可得：

$$\frac{\partial T}{\partial Q} = P'(Q)Q \qquad (3.37)$$

所以在完全信息下规制者社会福利最大化的目标和企业利润最大化

目标是完全一致的，可求出税收为：

$$T = \int_0^x L'(u)\,du - \int_0^Q vP'(v)\,dv \qquad (3.38)$$

由式（3.38）可以发现，税收额取决于企业的产量和企业治理污染的投资支出，这种税收避免了信息不对称造成的无效率，规制者在设计税收时，只需要从已经获得的信息入手即可以实现税收的设计，而且能够促使被规制企业"说真话"。

在这个简单的静态模型中，税收水平受到企业产出水平和治理污染投资额的影响。因此，如果是在动态情况下，则存在一种企业的应对策略行为，即企业可以通过有意识地控制产量和污染投资支出额，向政府规制部门传递错误信号，进而影响到政府税收的设计，降低政府环境规制的有效性。

第五节　不同所有制性质企业对环境规制影响的经济分析

无论企业的所有制性质是国有还是民营，企业在面临来自政府的环境规制时，都会因为环境规制政策给企业带来的成本增加而做出相应反应。张嫚（2006）将影响企业环境管理行为的因素分为企业所处环境的外部因素和企业的内部因素，外部因素主要是政府的规制因素和企业所处的市场环境因素，而内部因素将涉及企业的战略定位、企业的技术情况和企业管理者等。不同所有制性质的企业有不同的目标、风险态度和决策方式，在面临企业的治污责任时，会表现出不同的行为（梅耶和帕克，2013；费拉里斯和弗洛里奥，2017）。国有企业和民营企业各有其自身特点，对环境规制采取的应对策略也会不同，而且面对不同的环境规制工具，也会因为企业的所有制性质的不同而表现出不同的经济行为。

与成熟的市场经济国家不一样的是中国正处于经济转轨时期，而且拥有庞大的国有企业存在，虽然有学者认为环境规制没有所有制区别，环境规制的法律也没有为国有企业特设，国有企业具有很强的技术水平和管理能力，环境保护方面要比民营企业好很多（王平，2013）。也有分析认为，与以利润最大化为目标的民营企业相比，当国有企业面临模糊而且有争议的任务时，由于企业不会有竞争对手，而且很难被淘汰，规制机构的执法难以对国有企业产生足够的威慑，而相同的执法手段用于民营企业，将会产生较好的规制效果，所以国有企业比民营企业更可能违反规制法规。

一、从社会责任角度

社会责任应该成为企业行为的有机组成部分，而不应该是外加的慈善行为（大卫·洛克菲列，1993）。国有企业是一种特殊的企业，既具有盈利性这一一般企业的特性，又具有非营利性的社会功能。我国的国企是国家经济的基石，是社会主义市场制度环境下的企业，决定着我国的国有企业既承担着国有资产保值增值的经济责任，也承担着公共服务的社会责任，所以国有企业在提高经济效益的同时，还要提高资源利用效率和保护环境的能力（卢现祥，许晶；2012）。国务院国有资产监督管理委员会《关于中央企业履行社会责任的指导意见》（2008）第十一条：加强资源节约和环境保护。认真落实节能减排责任，带头完成节能减排任务。发展节能产业，开发节能产品，发展循环经济，提高资源综合利用效率。增加环保投入，改进工艺流程，降低污染物排放，实施清洁生产，坚持走低投入、低消耗、低排放和高效率的发展道路。明确提出了国有企业要在节能减排、清洁生产方面起到带头作用，为民营企业起到示范效应。

而对于民营企业，受到传统"经济人"假设理论影响，民营企业将追求自身经济利益最大化作为第一目标甚至是唯一目标，只要实现这一目标，企业便不需要承担其他社会责任，经济学家弗里德曼认为，企业只有一个责任，就是使用资源从事增加利润的活动，如果让企业承担过多的社会责任，将会损害股东甚至消费者的利益。所以虽然企业的环保责任在国家的不断宣传和提倡中，现实生活中很多民营企业在对于环境保护责任上仍然处于被动状态，一般不会积极去履行这一社会责任。很多企业在环境规制强度日益增强的情况下被动地在生产的最后环节努力消除产品生产中产生的污染，或者是有环保之心，可是在经济利润的驱动之下在付诸行动的实践上缺乏动力，或者是做表面工作敷衍环境规制机构的监督和检查。目前中国环境规制体系尚不完善，尤其是转轨时期市场制度尚不完善，在规制立法和末端执法的过程中对部分能够严格履行环境保护责任的企业没有足够的激励和支持，而对违背环境责任的企业没有足够的惩罚和制裁，这都将会影响到民营企业履行环境责任的积极性，导致一部分企业出现对规制机构寻租和偷排污染物现象的投机行为。

二、从企业的功能和目标角度

国有企业和民营企业具有不同的功能，这也导致企业对环境规制政策的执行存在差异，进而影响到环境规制效果。我国的国有经济制度是与我国社会主义初级阶段生产力水平发展相一致的公有制实现形式，有学者研究认为，国有企业是政府为发展经济和社会和谐而进行调控的公共政策工具（杨卫东，2012；戴锦，2016），我国的国有企业具有比较浓厚的政治色彩，具有明确的行政级别，类似于一种政权组织，在经济领域除了要实现国有资产的保值增值之外，还要在调节市场失灵、维护国家经济稳定、在社会经济发展中起到先导和示范作用，比如国家提出的"两型社会建设"要求企业改变既有的粗放式发展方式，要采取节能环保的新技术新标准新设备新理念的生产方式，而对于国家的这一战略，国有企业要率先践行。作为国有经济实现手段的国有企业在建立之初目标就不是单一的，即具有经济目标，又具有社会目标。而社会目标是这两个目标的均衡点，如果在经济目标和社会目标发生冲突时，重点将落在社会目标上。国有企业作为企业当然要追求经济目标，但是相对于公共目标，国有企业应该把经济目标放在第二位（普赖克，1972）。随着改革开放的不断推进，我国出现了其他所有制性质的企业，民营企业得到了飞速的发展。在我国经济发展中，民营企业已经成为一支重要力量，在推动经济发展、促进劳动就业、调整经济结构、完善市场体制和推动创新和技术进步方面起到了很大作用，同时还有力促进了地方经济的发展和增加了地方财税收入，但是有民营企业会因为对企业利润的追求而努力逃避对环境规制政策的执行，由于在一些地方，民营企业是当地主要的财政税收来源，而地方政府官员为追求本区域经济增长，能够产生一个良好的经济政绩，会主动放松对企业的环境规制合规监督，和企业产生政企合谋现象，推动企业扩大生产，进一步加剧对环境的污染。

三、从企业内部治理角度

不同所有制性质的企业在获取资源和企业内部治理上存在较大的差异，从而导致国有企业和民营企业在相同的环境规制条件下表现出不同的经济行为（Liang et al.，2012）。民营企业的委托－代理治理结构比较简单，就是比较单一的资本性委托－代理关系，在民营企业中的治理结构中，出资人（委托人）将企业经营权委托交给职业经理（代理人），职业经理取得企业的管理经营权后可以获得与其贡献相匹配的劳动报酬和经营业绩评价，而委托人和代理人之间是通过一种具有激励制约性的现代企业制度来实现的。而国有企业的委托－代理关系就要复杂很多，至少包含两个层次：行政性委托－代理和资本性委托－代理（杨水利，2011）。首先国有企业的产权属性决定了国有企业不仅是经济意义上的市场主体，也具有一定的政治意义，国有企业是属于"全体人民所有"的企业，然而这种全民所有制的财产归属事实上是模糊的，属于一个集体，不属于任何一个特定的人，实际上是处于一种没有产权主体的所有者"缺位"状态，缺位的产权所有者将国有企业委托给政府，政府作为代理人来负责企业，这一层代理关系是一种富含政治色彩的委托－代理关系，这是国有企业的第一重委托－代理关系，而人民政府作为行政机关，将作为新的委托人，通过国资委将企业委托给国有企业经营者来进行经营，通过建立现代企业制度，对经营者进行激励和约束，实现人民所有的国有资产保值增值。

国有企业和民营企业的经营管理者（代理人）在企业生产经营中面临环境规制时会表现出不同的行为。企业经营者直接对企业经营的效益负责，现代企业制度下，企业经营者要对企业出资人负责，而企业经营者作为企业的管理主体除了和企业的经营有关之外，还受到其自身的动机和期望影响，阿特金森的成就动机期望价值模式认为企业经营者的行为主要是要实现自身的效用最大化，而企业的效用包括货币收入、非货币收入、社会地位、企业经营者业界声誉等多个维度。国有企业经营者的选拔，无论是以前的组织任命和主管机关委派还是职代会选举，或是到国资委成立后的以行政任命为主向社会公开招聘为辅，行政任命是一直普遍存在的现象（张东明、秦海林，2018）。由上级主管部门任命并具有一定行政级别的国有企业经营者，由于国企利润与其收入关系不是很大，导致其在国有企业的利润最大化目标上没有足够的动力，而且国企经营者扮演的角色更像是委派到企业的国家行政命令的执行者，企业的生产组织者。与追求企业的经济利润相比，国有企业经营者更加看重的是政治发展、声望和权力等非经济性的报酬，且现实中的确存在国有企业经营者在企业取得相应的"业绩"之后到相应的行政岗位上任职的情况，所以对于国家的环境规制政策，国有企业能够积极做出相应的反应。而在民营企业中，职业经理人的薪酬会与企业的盈利能力紧密相关，经理人会把企业利润最大化这一目标放在首位，促进企业在激烈的市场竞争中获得较大利润，在自己能够获得丰厚的薪酬的同时，还能够在业界获得良好的职业声誉。而我国的民营企业还有一个特点，就是往往带有家族企业的色彩（李维安，2009），在这种情况下，民营企业存在着对"外人"缺乏信任的现象，而这一信任机制通过"任人唯亲"来实现（唐清泉，2002），所以为规避经理人的"道德风险"，强化家族控制能力，有部分民营企业董事长和总经理经常合二为一，确保了经理人和股东的利益高度一致，但是不能忽略的是我国的民营企业是在改革开放之后逐渐发展起来的，在发展的过程中也是逐渐才会被重视，民营企业的发展过程中，其创立者亲历了艰辛的企业发展历程，所以对企业的经济利益更为看重，当规制机构实施规制政策时，企业经营者对于由规制政策带来的成本反应较为敏感，尤其是面对着命令控制性环境规制政策时，部分民营企业会认为是无端多出来的"额外"成本，不愿进行相应的成本支出，有些民营企业甚至采取逃避措施，直接采取将污染物偷排的机会主义行为，这些都会导致民营企业在执行环境规制政策方面大打折扣。

四、从环境规制合规投资角度

科尔内（Kornai，1980）最早提出"预算软约束"的概念，他认为当社会主义国有企业面临经营困难时，政府会追加投资、提供财政补贴和降低税负等手段施以援手，这种现象被称为"预算软约束"。在新古典经济学中，企业假定是受到严格的预算约束的，在预算约束的范围内实现企业利润最大化。而国有企业除了和民营企业一样需要履行经济责任和社会责任以外，还要履行企业政策责任这一特殊的企业责任（戴锦、和军，2015），这也给国有企业带来了一定的政策性负担，政府对国有企业所承担的政策性目标所造成的成本增加负有相应的责任，未来补偿企业所付出的成本，政府应该给予一定的补贴，但是由于信息不对称导致政府并不能清晰准确知道国有企业为承担政策性负担而付出的额外成本，政府对企业的相应补偿将会是模糊的没有严格边界的，由此产生了预算软约束，政策性负担从根本上导致了国有企业的预算软约束（林毅夫等，2004），"预算软约束"会导致国有企业过度投资，相对于国有企业经营者，政府属于信息劣势者，国有企业经营者需要进行投资并且考虑投资金额是否超越预算，政府并不能够精确了解到是由于企业承担政策负担所导致的还是由于企业经理人不当决策所导致的，所以就会对国有企业经营者产生一种投资的激励。当规制机构的环境规制政府出台之后，为合规而进行投资，国有企业所面临的投资约束将会是弹性的，尤其是针对命令控制性环境规制政策，具有政府"父爱主义"优势的国有企业将会在短期内投资购买安装规制机构要求的污染控制设备以达到技术标准，而国有企业的预算软约束特点会使得企业在对"最合适的技术"和"最可行的技术"之间进行选择的时候不会更多地考虑减污的成本和收益，因为存在国企和规制机构之间的信息不对称，会存在着国有企业更倾向于以控制污染效果为选择标准而不是以合规成本为标准，而民营企业受到的预算约束是刚性的，所以当面临着突如其来的命令控制性环境规制政策时，直接表现出来的就是民营企业的成本陡然增加，民营企业大多规模较小，对减少污染排放、加大环保投资以及环保创新研究存在资金和动力不足。所以国有企业对环保规制政策的执行要优于民营企业。

五、从环境规制政策实施到实现合规的时间长短角度

由于环境规制政策一般是多种环境规制工具的综合使用，国有企业和民营企业在短期内和长期内会有不同的反应，对环境规制政策的执行也会不同。本文把环境规制对企业的影响分为短期影响机制和长期影响机制，短期影响机制又分为"直接成本效应"和"投资挤出效应"，并在两个效应之间进行权衡。"直接成本效应"是指如果开始时政府实施环境规制强度比较低，企业受到的约束比较弱，短期内企业感受到的仅仅是因为需要交纳排污费或者环境保护税，需要购买达到规制政策标准的设备使得企业的成本增加，而成本增加的程度还不至于刺激企业进行科技创新，致使企业进行粗放型生产，在利润空间收窄的情况下通过扩大生产来提高利润，此时的环境规制反而会带来更加严重的环境污染。"投资挤出效应"是指在企业的既定投资预算资金的情况下，环境规制会使得企业要对投资资源进行重新配置，企业要为环境规制承担污染成本，从而使得企业进行生产的投资和技术研发投资的投入下降，尤其是民营企业，融资较为困难，普遍面临着较为严重的资金问题，投资挤出

效应对于民营企业来说更为严重，而国有企业面临的投资挤出效应相对较小。长期影响机制可分为"淘汰效应"和"补偿效应"，"淘汰效应"是指在既定的环境规制强度下，不同的企业面临的合规成本不一样，环境规制对不同规模的企业就存在异质性的合规成本，而且环境规制对规模较大的企业的利润率有明显的提高作用，而对规模较小的企业具有抑制作用（龙小宁，2017），随着环境规制强度的逐渐提高，相当于构筑了一扇环境规制壁垒，在严格的环境规制标准要求下，潜在的进入企业将会放弃进入计划，而在位企业中合规成本较高的企业将面临利润空间的进一步收窄，从而进一步降低了企业的竞争力，一方面影响企业的扩张，另一方面会导致一部分企业退出，相当于在环境规制政策下被"淘汰"，国有企业和民营企业相比，民营企业存在着更严重的被淘汰问题。"补偿效应"是指企业在面临环境规制时，由于成本的提升，企业会着眼于长远的利益考虑，加大对治污减排创新技术的投资，或者进一步优化生产管理，或者引进更先进的生产工艺，或者购买新的设备，减少污染的产生和污染物排放，长期而言是起到降低环境规制的合规成本，提高企业利润率和企业竞争力。"补偿效应"是企业的长期行为，短期内企业只能被动直接去服从各项规制政策。在"补偿效应"方面，国有企业和民营企业也有不同，国有企业一般承担着公共服务职能和为社会提供公共物品的职能并需要保证持续的供给，而且国有企业一般处于垄断地位，盈利能力较强，拥有自己的科技研发基础，能够保证在长期内获得"补偿效应"，而民营企业在长期内如果不能够使得合规成本降低获得相应的"补偿效应"，企业就会在市场竞争中长期处于劣势地位，最终为降低成本而进行机会主义投机行为，对环境规制政策的执行将会是采取逃避行为。

六、党对国有企业的领导

党对国有企业的领导是我国国有企业的独特优势，使得国有企业在面临环境规制时能够比民营企业更好地执行相关规制政策，在不断深化国企改革的进程中，逐步建立起中国特色的现代国有企业制度，把党的领导融入国有企业治理的各个环节，使得国有企业管理更加科学，不断推动国有企业党组织建设和思想政治工作，相比较于民营企业，国有企业能够更好贯彻国家精神意志，更深入贯彻国家可持续的绿色发展理念，更彻底贯彻习近平新世代中国特色社会主义生态文明建设思想。所以在执行国家政策方面，国有企业更积极响应国家号召，更坚决执行国家环境规制政策。

第六节 本章小结

本章主要对企业所有制性质对环境规制效果的影响进行理论分析，首先对外部性理论、委托—代理理论和环境规制理论等相关理论基础进行阐述，然后通过构建环境规制视阈下环境规制机构和一般企业之间的关系分析框架，揭示政府环境规制机构与公众和规制机构和企业之间的多重委托－代理关系。接下来假设规制机构为生产规制制度"产品"的制度生产部门和企业作为传统物质产品与"污染"产品的生产部门，借鉴一般均衡分析理论，借助埃奇沃斯盒状图在环境规制过程中被规制企业和规制机构之间的动态调整过程，在均衡的调整过程中体现出环境规制机构和企业之间的一种博弈关系。国有企业和民营企业与政府环境规制机构的行为博弈属于不同类型，会导致国有企业和民营企业在面临环境规制的硬约束时表现出差异性的行为决策。国有企业的所有制性质、在市场中所处的垄断地位、所面临的软预算约束以及政府对国有企业领导人的晋升考核机制使得国有企业相对于民营企业而言有更多信息可以被环境规制机构所了解。国有企业和规制机构之间能够形成一个比较有约束力的协议，国有企业遵守环境规制政策使一个企业领导人个人利益和集体利益能够实现一致，所以国有企业和环境规制机构之间更接近于完全信息的协调博弈，通过博弈分析，能够发现在政府实施环境规制能够使得国有企业减少污染排放量。在对国有企业的激励性分析过程中，假设国有企业经营者是风险规避的，面临的遵守环境规制和实现企业经济绩效是均衡的，结果发现，对国有企业遵守环境规制的努力具有独立价值时，对企业经济效益的激励才是有价值的。而民营企业与环境规制机构之间的博弈表现为非合作博弈，规制机构所代表的公众目标是社会福利的最大化，而企业追求的目标是利润最大化，企业也存在利用信息优势采取策略行动影响规制机构行为的激励。通过静态博弈分析，发现规制者可以通过机制设计，促使企业显示出真实的信息，在动态博弈中，企业可以传递错误信号，降低环境规制的有效性。最后从社会责任角度、企业的功能和目标角度、企业内部治理角度、环境规制合规投资的角度、环境规制政策实施到实现合规的时间长短角度与党的领导对不同所有制性质企业对环境规制效果影响进行经济分析。通过以上理论分析，为后文所进行的实证检验提供理论支撑。

第四章

不同所有制性质企业环境
规制效率评价

环境规制绩效评价是对政府环境规制效果和效率的检验，是提升政府公共决策水平和推动群众参与的有力杠杆（郑方辉、李文斌，2007）。对政府环境规制绩效进行评价有助于政府及时发现规制中出现的问题，进一步提高规制效率，加强规制政策工具选择的科学性（蒋雯、王莉红等，2009）。环境规制效率是指规制机构进行环境规制时，所取得的规制收益和投入之间的比值关系（汪斌，2002）。环境规制已经成为国家一种针对环境保护的制度供给，而对于被规制对象的企业来说，对于规制政策目标，企业在执行规制政策时需要对污染控制进行投入。这些投入将会成为企业经营成本的一部分，而企业作为微观经济主体，其经营者"经济人"假设以及新古典经济学中对企业利润最大化经营目标的论断，使得如何能够在合规的情况下实现最小投入成本以及如何在既定的投入下实现最好的污染控制效果成为企业必须要考虑的战略因素。本章接下来的部分安排如下：（1）对环境规制效率相关理论进行梳理；（2）对三阶段 DEA 做简单介绍；（3）选取 2011～2017 年沪深 100 家上市公司数据运用三阶段 DEA 方法进行效率分析，在分析的基础上针对企业不同所有制性质进行对比，以期发现不同所有制性质企业在环境规制效率上的异质性，为接下来的实证检验作出相应的准备。

第一节　企业环境规制效率评价理论分析

对于企业来说，生产是在现有可行技术的基础上将投入要素转化为产出，假设企业使用 n 种投入要素进行生产，投入向量为 $X = (x_1, x_2, \cdots, x_n)$，$x_i$ 表示投入 i 的数量，$x_i \geqslant 0$；在生产函数 $y = f(x)$ 的作用下生产出 m 种产出，产出向量 $Y = (y_1, y_2, \cdots, y_m)$，$y_j$ 表示第 j 种产出的数量，$y_j \geqslant 0$。事实上，生产函数 $y = f(\cdot)$ 就是从投入要素集合 $\mathbb{R}_+^n$ 到生产可能集 $\mathbb{R}_+^m$ 的一个映射，该函数满足如下性质：

生产函数 $f: \mathbb{R}_+^n \rightarrow \mathbb{R}_+^m$ 在 $\mathbb{R}_+^n$ 上是连续的、严格递增以及严格拟凹的，且 $f(0) = 0$。

传统的生产函数在描述企业在进行生产时，并没有把环境因素加以考虑，在企业进行生产时，有一种环境投入，然而由于环境因素很难量化而常常被忽略，比如清洁的空气纯净的水，在企业生产过程中和我们期望的产品相伴而产生的还有一种"坏"的产品，也就是我们称之为"非期望"的产出，所以生产函数应该把环境投入加入生产函数中。投入向量为 $X = (x_1, x_2, \cdots, x_n, x_e)$，$x_e$ 表示环境的投入量，$x_e \geqslant 0$，在没有环境规制时，企业将不会作出任何反应，将继续在之前的技术条件下按照生产函数 $y = f(\cdot)$ 进行生产，产出向量为 $Y = (y_1, y_2, \cdots, y_m, y_p)$，$y_p$ 为污染的产出数量，$y_p \geqslant 0$。由于污染 y_p 这种非期望产出难以通过市场来进行调节约束，因而产生了市场失灵问题，政府需要对这种产出进行控制，也就是需要政府对环境进行规制，所以，在环境规制政策情况下，企业需要增加一部分环保投入，以减少污染的产出，生产函数将变为 $y = g(\cdot)$，增加了环境规制投入的投入向量为 $X = (x_1, x_2, \cdots, x_n, x_e, x_{ei})$，其中 x_{ei} 为环境规制投入，包含规制机构的投入和企业合规投入，在此技术水平上企业实现规制合规，环境投入要素和其他生产要素一样，企业的生产目标是实现既定产出情况下使得投入最小，而环境产出与其他产出却刚好相反，传统产出（期望产出）都是在既定投入下实现产出最大化，而环境产出（污染）y_p 的实现目标是最小化，即加入了环境因素和污染产出之后，产出出现两种，一种是期望产出，一种是非期望产出。

衡量环境规制的效率就是在企业生产中加入环境规制变量之后，非期望产出与环境规制投入之间的关系，二者之间存在一定的函数关系，不妨设为 $y_p = p(x_f, x_r)$，其中 x_f 表示企业为规制合规进行的投入，x_r 为政府规制机构进行环境规制的投入。该生产函数具有一阶边际递减的性质，也即随着企业和政府环境规制投入的增加会使得非期望产出减少。而要根据此生产函数来衡量企业环境规制的效率，需要在这种"非期望"产出和规制投入之间进行对比，现有的文献多从地区层面研究环境规制的效率，而从微观主体企业层面的研究很少，难点在于不同行业存在不同的生产函数，具体到不同的企业所采取的生产技术和管理方法存在差异，而且国有企业和民营企业更是由于所有制性质不同，具体的生产函数也会不同，所以在不知道具体生产函数的情况下来通过投入和产出比较环境规制的效率，需要选择一种能够跨越生产函数限制的评价方法。

数据包络分析方法（DEA）采用运筹学中数学规划的方法来评价决策单元 DMU 的相对效率，是一种非参数的估计生产前沿面的评价方法，其显著的特点就是不需要考虑投入和产出之间具体的函数形式，也不需要预先知道估计参数和权重假设，避免了主观性因素，直接通过投入产出之间的加权和之比计算出 DMU 的投入产出效率。所以本章将选用 DEA 方法对企业环境规制效率进行分析对比。

第二节　企业环境规制效率评价方法

数据包络分析（Data Envelopment Analysis，DEA）是由美国运筹学家 A. 查恩斯（A. Charnes）和 W. 库珀（W. Copper）等学者以"相对效率"为基础，根据多指标投入和多指标产出对相同类型单位进行相对有效性评价的一种系统分析方法，通过计算数学规划模型来比较决策单元之间的相对效率。是一种基于被评价对象间相对比较的非参数技术效率分析方法。查恩斯、库珀和罗兹（Charnes, Cooper and Rhodes, 1978）提出了数据包络分析的第一个模型 CCR 模型，CCR 模型是以规模收益不变为假设前提的，适用范围有一定的局限性，随后班克（Banker, 2011）、查恩斯（Charnes, 1999）和库珀（Cooper）又提出了基于规模收益可变假设的 BCC 模型。在 CCR 和 BBC 模型的基础上，DEA 模型已经扩展到几十种，应用领域也拓展到了教育、环境、金融、医疗卫生、企业管理等多个领域（科埃利等，2005；韦德 D. 库克和朱，2005；韦德 D. 库克和塞福德，2009）。使用 DEA 进行学术研究的成果也大量涌现。根据笔者对知网（CNKI）数据库进行检索，截至2019 年 7 月，以 DEA 为方法进行研究的文献有三万多条。

　　传统的 DEA 模型存在不考虑环境因素和随机噪声对 DMU 效率评价影响的缺陷，弗里德（Fried, 1999）发表文章尝试考虑了环境因素的影响，2002 年在 "Accounting for Environmental Effects and Statistical Noise in Data Envelopment Analysis" 一文中把环境因素和随机噪声同时引入 DEA 模型中，通过应用随机前沿分析（Stochastic Frontier Analysis, SFA）将环境因素和随机噪声消除，从而得到更为真实准确的效率值。

一、第一阶段：基于传统 DEA 的 BCC 模型计算 DMU 效率和松弛变量

　　本文意在通过 DEA 分析比较不同所有制性质企业的效率值，如果分析目的只是获得评价 DMU 的效率值，则投入导向、产出导向和非导向均可（成刚、钱振华，2012），所以本文选择投入导向进行分析。传统 CCR 模型假设生产技术规模收益不变，或者所评价的决策单元刚好处于最优生产规模，然而在现实的企业生产过程中，并不是全部处于最优的生产规模进行生产，而且 CCR 模型所计算出的技术效率（Technical Efficiency，TE）包含了规模效率部分。所以本章将选择基于规模收益可变（Variable Returns to Scale，VRS）的 BCC 模型，BCC 模型不仅能得到在规模收益可变的生产技术情况下决策单元的技术效率，还能够计算得到排除规模影响的纯技术效率（Pure Technical Efficiency，PTE）。

BCC 模型是在 CCR 模型的基础上产生的，对 CCR 模型加入约束条件：

$$\sum_{j=1}^{n} \lambda_j = 1 (\lambda \geq 0)$$

借鉴魏权龄（2004）和成刚（2014）关于 DEA 模型理论介绍，本章选取 100 家上市公司作为决策单元，BCC 的模型为：

$$\min \theta$$

$$\text{s. t.} \begin{cases} \sum_{j=1}^{n} \lambda_j x_{ij} \leq \theta x_{ik} \\ \sum_{j=1}^{n} \lambda_j x_{rj} \geq y_{rk} \\ \sum_{j=1}^{n} \lambda_j = 1 \\ \lambda \geq 0; i = 1, 2, \cdots, m; r = 1, 2, \cdots, q; j = 1, 2, \cdots, n \end{cases}$$

表达式中有 n 个决策单元，θ 为决策单元有效值，x_{ij} 表示第 j 个决策单元第 i 种投入，y_{rj} 表示第 j 个决策单元第 r 种输出量，$\lambda_j y_j$ 表示一个有效决策单元组合中 j 个决策单元的组合。

二、第二阶段：随机前沿模型分析

在第一阶段中基于传统 DEA 的 BCC 模型分析中计算出的效率值中包含了环境因素（environmental effects）、统计噪声（statistical noise）和管理无效率（managerial inefficiencies）等因素的影响（弗里德，2002），为明确这些因素对效率值的影响大小，需要进一步对第一阶段投入变量的松弛变量进行随机前沿分析（SFA），以剔除这些影响因素对效率的影响，提高 DEA 估计信度，获得较为真实的效率值。

以环境规制投入松弛变量为因变量，以环境变量为解释变量构建 SFA 回归模型：

$$S_{ni} = f(Z_i; \beta_n) + v_{ni} + u_{ni}$$
$$i = 1, 2, \cdots, I; n = 1, 2, \cdots, N$$

表达式中 S_{ni} 是第 i 个决策单元的第 n 项投入的松弛变量；Z_i 为环境变量，β_n 是环境变量的系数，$v_{ni} + u_{ni}$ 是混合误差项，v_{ni} 是随机干扰项，μ_{ni} 是管理无效率项，表示企业管理导致的效率损失对松弛变量的影响。其中 $v \sim N(0, \sigma_v^2)$ 是随机误差项，表示随机干扰因素对要素投入松弛变量的影响；u 是管理无效率，表示管理因素对投入松弛变量的影响，假设其服从在零点截断的正态分布，即 $u \sim N^+(0, \sigma_\mu^2)$。

进行 SFA 回归是要消除环境变量和随机噪声对效率测量的影响，使得每一个决策单元能够处于相同的外部环境中。弗里德（2002）对决策单元的投入做出调整：

$$X_{ni}^A = X_{ni} + [\max(f(Z_i; \hat{\beta}_n)) - f(Z_i; \hat{\beta}_n)] + [\max(v_{ni}) - v_{ni}]$$
$$i = 1, 2, \cdots, I; n = 1, 2, \cdots, N$$

其中，X_{ni}^A 是调整后的投入；X_{ni} 是未经调整的投入；$[\max(f(Z_i; \hat{\beta}_n)) - f(Z_i; \hat{\beta}_N)]$ 是对环境因素进行的调整；$[\max(v_{ni}) - v_{ni}]$ 是将每个决策单元置于相同外部环境影响下。

在第二阶段进行管理无效率计算的过程中，弗里德（2002）在论文中给出了下列公式：

$$E[v_{ni} \mid v_{ni} + u_{ni}] = S_{ni} - Z_i \beta^n - E[u_{ni} \mid v_{ni} + u_{ni}]$$

其中 $n = 1, 2, \cdots, N; i = n = 1, 2, \cdots, I$。

而关于 u_{ni} 的计算并没有给出，只是提到了乔德鲁等（1982）的方法计算，所以在这个计算过程中国内外学者存在不同的计算方法。

黄薇（2009）用下列公式进行计算：

$$E[u_{ni} \mid v_{ni} + u_{ni}] = \frac{\sigma\lambda}{1 + \lambda^2}\left[\frac{\varphi(z)}{1 - \varphi(z)} - z\right]$$

其中 $z = \dfrac{\varepsilon_i \lambda}{\sigma}$，联合误差项为 $\varepsilon_i = V_{ni} + U_{ni}$，$\lambda = \dfrac{\sigma_u}{\sigma_v}$

赵桂芹等（2010）所使用的计算公式为：

$$E\left[u_{ni} \mid v_{ni} + u_{ni}\right] = \frac{\sigma\lambda}{1 + \lambda^2}\left[\frac{\varphi\left(\dfrac{(u_{ni} + v_{ni})\lambda}{\sigma}\right)}{1 - \Phi\left(\dfrac{(u_{ni} + v_{ni})\lambda}{\sigma}\right)} - \frac{(u_{ni} + v_{ni})\lambda}{\sigma}\right]$$

其中 $\lambda = \dfrac{\sigma_u}{\sigma_v}$，$\varphi$ 是标准正态分布密度函数，Φ 是标准正态分布的分布函数。

罗登跃（2012）所使用的计算公式为：

$$E\left[u_{ni} \mid v_{ni} + u_{ni}\right] = \frac{\sigma\lambda}{1 + \lambda^2}\left[\frac{\varphi\left(\dfrac{\varepsilon_i \lambda}{\sigma}\right)}{\Phi\left(\dfrac{\varepsilon_i \lambda}{\sigma}\right)} + \frac{\varepsilon_i \lambda}{\sigma}\right]$$

其中 $\lambda = \dfrac{\sigma_u}{\sigma_v}$，联合误差项为 $\varepsilon_i = v_{ni} + u_{ni}$，$\varphi$ 是标准正态分布密度函数，Φ 是标准正态分布的分布函数。

根据弗里德（2002）提到的乔德鲁等的计算公式：

$$E\left[u_{ni} \mid v_{ni} + u_{ni}\right] = \mu^* + \sigma^* \frac{f\left(-\dfrac{\mu^*}{\sigma^*}\right)}{1 - F\left(-\dfrac{\mu^*}{\sigma^*}\right)}$$

其中 $\mu^* = -\sigma_u^2 \varepsilon / \sigma^2$，$\sigma^* = \sigma_u^2 \sigma_v^2 / \sigma^2$，$\sigma^2 = \sigma_u^2 + \sigma_v^2$，$f(\cdot)$ 是标准正态分布密度函数，$F(\cdot)$ 是标准正态分布的分布函数，乔德鲁论文中采用的是生产函数形式。

混合误差项为 $\varepsilon_i = v_i - u_i$，然而根据弗里德等（Fried et al.，2002）所提出的三阶段 DEA 中 SFA 回归采用成本函数形式，混合误差项为 $\varepsilon_i = v_i + u_i$，本章根据成本函数形式混合误差项对乔德鲁的公式进行推导，得到的计算式和罗登跃（2012）的一致，所以本章将采用此式来计算管理无效率。

三、第三阶段：调整后投入的 DEA 测算

将调整后的投入替代第一阶段的投入，再次运用 BCC 模型进行
DEA 分析，得到剔除了环境因素和随机噪声等干扰因素，得到相对真
实的效率值。

第三节　数据来源与变量选取

一、数据来源说明

根据前述理论分析以及研究需要，本文选取沪深两市中制造业上市
公司作为实证研究样本来源，考虑到数据的可得性以及国有企业和民营
企业对比需要，对不同所有制性质随机选取相同数量的企业作为样本。
企业数量为 100 家，时间跨度为 2015～2017 年。

数据来自国泰安（CSMAR）、锐思数据库（RESSET）和万德数据
库（WIND），人均国民生产总值和各地区工业污染治理投资完成情况
来自各年度《中国统计年鉴》，环境支出数据以及环境规制数据来自各
年度《中国环境统计年鉴》（2015～2017）和《中国环境年鉴》（2015～
2017）。由作者本人整理计算获得，数据计算及 DEA 分析过程用 Excel
2010、DEAP 2.1 和 Frontier 4.1 软件计算完成。

二、研究变量说明

数据包络分析方法（DEA）的特点是直接通过投入产出之间的加
权和之比计算出 DMU 的投入产出效率。

（一）产出变量

排污费：排污收费是政府依据企业排放污染对环境造成的损失征收费用。针对企业排污带来的负外部性，庇古（1920）提出向企业征收排污税费，使企业带来的污染外部成本内部化，本着"谁污染，谁治理"的原则，我国的排污收费制度从法律上确立于 1979 年 9 月 13 日颁布的《中华人民共和国环境保护法（试行）》。然而如何衡量污染对环境的外部性损失在现实中难以操作，根据国务院《排污费征收使用管理条例》说明，污水排污费征收标准及计算方法、固体废物及危险废物排污费征收标准和废气排污费征收标准及计算方法都是依据废水、废气和固体废物排放种类和数量以污染当量计算征收。所以企业的排污费支出能够很好反映企业排污状况。借鉴胡曲应（2012）将单位排污费作为变量衡量企业环境绩效。本章将采用企业排污费支出来衡量企业污染量的多少，而排污费作为反映污染状况的代理变量属于"非期望"产出，在 DEA 分析中要求产出必须为正值而且产出越多越好，所以需要对这个指标进行转化处理，本章将变量取倒数以实现 DEA 对效率的评价要求。

（二）投入变量

企业环保支出：上市公司环保支出来源于上市公司企业社会责任中环境与可持续发展部分所报告内容，数据包含了企业的污染治理投入数据、企业运行管理、清洁生产、环保设施改造、环保技术改革创新投资等项目投入。在广义上企业的环保支出和政府的环保支出一样都属于环境规制范畴（原毅军、孔繁彬，2015）。企业进行环保投入的动力源于对利润的追求，通过环保投入在政府进行环境规制时企业环境成本内部化过程中能够降低环境成本，从而能有通过技术创新、科学管理和环保设备添置而降低这部分内部化的成本，从而降低污染排放量减少排污费的支出。

建设项目"三同时"环保投资：我国经济处于转型时期，市场机制尚不完善，命令控制性环境规制是一种行之有效而且应用广泛的环境规制手段。"三同时"制度是我国出台最早的一项环境规制制度。自1979年《中华人民共和国环境保护法（试行）》明确了该项制度的法律保障之后，该制度的执行率一直维持在95%以上，所以可以将其作为一种环境规制投入进行分析。

（三）环境变量

"三阶段" DEA 分析中所选择的环境变量要对企业环境规制效率产生影响，而且企业无法控制（至少短期内不能控制）这些变量。

市场化指数：采用 2015—2017 年由樊纲和王小鲁等编写的《中国市场化指数》作为环境变量。市场化指数反映了政府与市场的关系、非国有经济的发展、市场中介组织发育和法律制度环境等情况，这些因素对政府对企业的环境规制产生影响，尤其是市场中介组织对于排污费交易市场的完善具有重要作用，政府与市场的关系和法律制度环境也是排污费征收和有序交易的保障。而这些又是单个企业所不能控制的因素。

人均地区生产总值：本文用人均地区生产总值来衡量经济发展水平。著名的环境 EKC 假说认为经济增长和环境污染之间存在一种倒"U"型的曲线关系（Grossman and Krueger, 1991）。地方经济的发展水平会影响到环境规制政策的执行，在对企业进行环境规制时，企业成本增加，盈利能力下降，而企业的经营状况与地方政府的税收、就业情况以及经济增长政绩等存在激励机制矛盾（Jiang et al., 2014），越是经济发展相对落的地区，地方政府越是把经济发展放在最重要的位置，地方官员的政绩考核很大程度上依赖经济的增长（周黎安，2004）。在环境规制的执行过程中，也会存在对不同所有制性质企业区别对待的情况。

各地区工业污染治理投资完成情况：我国环境污染 70% 以上是由工业污染造成的，各地区不断加强对污染治理的投资，地区工业污染治理投资额能够反映出地区对环境污染问题的重视程度，也能在一定程度上反映地区规制强度的差异，由于样本中的企业为从上市公司中数据较全的公司中随机选出的 100 家，位于不同的行政区域，区域间经济和污染状况以及工业基础不同，这些都将会影响企业环境规制的效率，而单个企业又无从控制地区的工业污染治理投资。所以本章将用该指标作为环境变量之一来测算不同地域企业的真实环境规制效率值。

表 4 – 1   **变量定义及描述性统计**

种类	变量	样本数	均值	标准差	最小值	最大值
产出变量	排污费	300	9520000	$1.59e+07$	0	$1.14e+08$
投入变量	企业环保支出	300	$1.01e+07$	$2.23e+07$	5175	$1.77e+08$
	建设项目三同时环保投资	300	145.34	115.047	0.5	438.2
环境变量	市场化指数	300	7.551	1.94	2.37	11.11
环境变量	人均地区生产总值	300	60515.14	24422.32	26165	129000
	各地区工业污染治理投资	300	396000	328000	13161	1260000

第四节　三阶段 DEA 结果分析

一、第一阶段传统 DEA 结果分析

本阶段使用 DEAP 2.1 软件逐年测算 100 家上市公司 2015 ~ 2017 环境规制效率，结果见表 4 – 2，分别列出了技术效率 TE（technical efficiency）、纯技术效率 PTE（technical efficiency from VRS DEA）和规模效率 SE（scale efficiency），其中 SE = TE/PTE。第一阶段是没有剔除环境变量因素和随机噪声影响下的效率值，可以看到在不区分所有制性质的情况下 100 家上市公司 2015 年的平均环境规制效率值为 0.094，纯技术效率的平均值为 0.215，规模效率的平均值为 0.276，2016 年分别为 0.08、0.239 和 0.228，2017 年分别为 0.016、0.233 和 0.029。三年之

间虽然有些许波动，但是效率整体处于较低水平。这与宋姗姗、吴凤平（2012）运用 DEA 模型分析我国 28 个省份环境污染综合治理效率得到的结论是一致的。

表 4 - 2　　　　　　　　　　第一阶段 DEA 测算结果

公司	2015 年				2016 年				2017 年			
	TE	PTE	SE	vrs	TE	PTE	SE	vrs	TE	PTE	SE	vrs
1	0.036	0.041	0.865	irs	0.621	0.635	0.978	drs	0.001	0.125	0.007	irs
2	0.028	0.167	0.168	irs	0.009	0.243	0.039	irs	0	0.469	0	irs
3	0.006	0.015	0.376	irs	0.017	0.039	0.439	irs	0	0.086	0.001	irs
4	0.003	0.02	0.161	irs	0.059	0.064	0.928	irs	0.001	0.025	0.053	irs
5	0.275	0.382	0.719	irs	0.28	0.292	0.959	irs	0.002	0.135	0.011	irs
6	0.092	0.092	0.998	—	0.003	0.071	0.044	irs	0	0.033	0.002	irs
7	0.001	0.027	0.051	irs	0.003	0.052	0.054	irs	0	0.088	0.001	irs
8	0.001	0.013	0.053	irs	0.002	0.033	0.073	irs	0	0.037	0.001	irs
9	0.002	0.053	0.034	irs	0.001	0.126	0.006	irs	0	0.081	0.002	irs
10	1	1	1	—	0.038	1	0.038	irs	0.008	1	0.008	irs
11	0.008	0.021	0.371	irs	0.002	0.03	0.05	irs	0	0.088	0.001	irs
12	0.004	0.202	0.019	irs	0.008	0.198	0.038	irs	0.002	0.319	0.008	irs
13	0.006	0.009	0.69	irs	0.003	0.033	0.077	irs	0	0.037	0.001	irs
14	0	0.024	0.021	irs	0.005	0.02	0.268	irs	0.001	0.124	0.004	irs
15	0.208	0.368	0.566	irs	0.058	0.147	0.394	irs	0.024	0.265	0.089	irs
16	0.365	0.458	0.796	drs	0.014	0.216	0.066	irs	0	0.201	0.001	irs
17	0.054	0.262	0.207	irs	0.023	0.095	0.243	irs	0.002	0.132	0.016	irs
18	0.006	0.382	0.015	irs	0.012	0.4	0.031	irs	0.001	0.478	0.003	irs
19	0.093	0.105	0.887	irs	0.862	1	0.862	drs	0.076	0.308	0.246	irs
20	0.032	0.074	0.439	irs	0.038	0.286	0.131	irs	0	0.125	0.002	irs
21	0.001	0.054	0.017	irs	0.002	0.043	0.054	irs	0	0.025	0.002	irs

续表

公司	2015 年				2016 年				2017 年			
	TE	PTE	SE	vrs	TE	PTE	SE	vrs	TE	PTE	SE	vrs
22	0.009	0.262	0.034	irs	0.27	0.39	0.693	irs	0.077	0.585	0.132	irs
23	1	1	1	–	0.053	0.317	0.167	irs	0.063	0.392	0.16	irs
24	0.005	0.095	0.052	irs	0.191	0.214	0.894	irs	0.011	0.278	0.039	irs
25	0.011	0.062	0.178	irs	0.065	0.787	0.083	irs	0	0.511	0	irs
26	0.037	0.086	0.425	irs	0.092	0.115	0.805	irs	0.002	0.091	0.02	irs
27	0.004	0.074	0.059	irs	0.005	0.072	0.072	irs	0	0.086	0.002	irs
28	0.013	0.113	0.115	irs	0.021	0.124	0.169	irs	0.001	0.273	0.003	irs
29	0.001	0.129	0.005	irs	0	0.084	0.004	irs	0	0.123	0	irs
30	1	1	1	–	0.099	0.099	0.996	–	0.002	0.074	0.023	irs
31	0.029	0.191	0.15	irs	0.003	0.32	0.01	irs	0.001	0.276	0.003	irs
32	0.001	0.071	0.016	irs	0.001	0.063	0.01	irs	0.001	0.077	0.007	irs
33	0.017	0.095	0.179	irs	0.032	0.118	0.27	irs	0.002	0.162	0.012	irs
34	0.004	0.009	0.445	irs	0.01	0.019	0.531	irs	0	0.025	0.008	irs
35	0.024	0.167	0.144	irs	0.001	0.119	0.01	irs	0	0.097	0.005	irs
36	0.007	0.039	0.185	irs	0.005	0.032	0.167	irs	0	0.074	0.003	irs
37	0.006	0.108	0.058	irs	0.015	0.144	0.108	irs	0.001	0.273	0.002	irs
38	0.008	0.067	0.113	irs	0.017	0.127	0.136	irs	0	0.197	0.002	irs
39	0.035	0.156	0.225	irs	0.007	0.128	0.055	irs	0.003	0.096	0.032	irs
40	0.018	0.088	0.201	irs	0.099	0.157	0.628	irs	0.006	0.467	0.014	irs
41	0.004	0.038	0.095	irs	0.016	0.069	0.227	irs	0	0.197	0.002	irs
42	0.236	0.237	0.995	drs	0.139	0.529	0.263	irs	0.09	0.627	0.143	irs
43	0.068	0.336	0.201	irs	0.001	0.332	0.002	irs	0	0.241	0	irs
44	0.011	0.151	0.074	irs	0.021	0.302	0.069	irs	0.005	0.196	0.024	irs
45	0.019	0.075	0.253	irs	0.014	0.085	0.161	irs	0.008	0.052	0.154	irs
46	0	0.016	0.017	irs	0	0.019	0.023	irs	0	0.074	0	irs
47	0.03	0.716	0.042	irs	0.003	0.308	0.01	irs	0	0.293	0.001	irs
48	0.008	0.051	0.164	irs	0.009	0.076	0.123	irs	0	0.049	0.008	irs

续表

公司	2015 年				2016 年				2017 年			
	TE	PTE	SE	vrs	TE	PTE	SE	vrs	TE	PTE	SE	vrs
49	0. 009	0. 208	0. 044	irs	0. 006	0. 205	0. 027	irs	0	0. 09	0. 002	irs
50	0. 001	0. 048	0. 011	irs	0. 001	0. 033	0. 022	irs	0	0. 18	0	irs
51	0. 001	0. 069	0. 012	irs	0	0. 135	0. 002	irs	0	0. 09	0	irs
52	0. 001	0. 089	0. 008	irs	0. 04	0. 147	0. 274	irs	0. 001	0. 072	0. 015	irs
53	0. 014	0. 076	0. 186	irs	0. 005	0. 13	0. 036	irs	0	0. 032	0. 003	irs
54	0. 003	0. 055	0. 063	irs	0. 002	0. 073	0. 026	irs	0	0. 047	0. 002	irs
55	0. 01	0. 162	0. 061	irs	0. 003	0. 15	0. 019	irs	0. 001	0. 151	0. 005	irs
56	0. 048	0. 26	0. 184	irs	0. 017	0. 249	0. 068	irs	0. 002	0. 107	0. 016	irs
57	0. 188	0. 202	0. 932	irs	0. 003	0. 042	0. 072	irs	0	0. 074	0. 001	irs
58	0. 001	0. 078	0. 016	irs	0. 003	0. 084	0. 031	irs	0	0. 268	0. 001	irs
59	0. 001	0. 198	0. 006	irs	0. 001	0. 168	0. 003	irs	0	0. 062	0	irs
60	0. 011	0. 109	0. 098	irs	0. 004	0. 1	0. 041	irs	0	0. 066	0. 003	irs
61	0. 015	0. 451	0. 034	irs	0. 011	0. 575	0. 019	irs	0. 001	0. 733	0. 001	irs
62	0. 001	0. 044	0. 022	irs	0. 002	0. 04	0. 056	irs	0	0. 536	0	irs
63	0. 015	0. 414	0. 037	irs	0. 059	1	0. 059	irs	0. 002	1	0. 002	irs
64	0. 001	0. 183	0. 005	irs	0	0. 056	0. 005	irs	0	0. 084	0	irs
65	0. 075	0. 104	0. 725	irs	0. 015	0. 373	0. 039	irs	0. 009	0. 467	0. 018	irs
66	0. 009	0. 121	0. 077	irs	0. 011	0. 127	0. 088	irs	0. 011	0. 156	0. 069	irs
67	0. 163	0. 235	0. 693	irs	0. 017	0. 056	0. 295	irs	0. 001	0. 104	0. 005	irs
68	0. 78	0. 937	0. 832	irs	0. 127	0. 469	0. 27	irs	0. 073	0. 434	0. 168	irs
69	1	1	1	—	1	1	1	—	0. 022	0. 624	0. 035	irs
70	0. 001	0. 04	0. 022	irs	0. 001	0. 03	0. 017	irs	0	0. 123	0	irs
71	0. 003	0. 217	0. 013	irs	0. 002	0. 133	0. 014	irs	0. 001	0. 134	0. 007	irs
72	0. 063	0. 397	0. 16	irs	1	1	1	—	1	1	1	—
73	0. 035	0. 044	0. 805	irs	0. 169	0. 292	0. 577	drs	0. 005	0. 076	0. 071	irs
74	0. 594	0. 814	0. 729	irs	0. 152	0. 214	0. 713	irs	0. 001	0. 387	0. 002	irs

续表

公司	2015 年				2016 年				2017 年			
	TE	PTE	SE	vrs	TE	PTE	SE	vrs	TE	PTE	SE	vrs
75	0.012	0.339	0.035	irs	0.034	0.206	0.164	irs	0.002	0.079	0.026	irs
76	0.014	0.048	0.288	irs	0.016	0.06	0.259	irs	0.001	0.034	0.017	irs
77	0.105	0.563	0.187	irs	0.007	0.323	0.02	irs	0.001	0.394	0.003	irs
78	0.005	0.144	0.034	irs	0.011	0.145	0.076	irs	0	0.084	0.004	irs
79	0.214	1	0.214	irs	0.363	1	0.363	irs	0.004	1	0.004	irs
80	0.003	0.083	0.036	irs	0.001	0.053	0.027	irs	0.005	0.088	0.057	irs
81	0	0.017	0	irs	0.015	0.023	0.635	irs	0	0.025	0.002	irs
82	0.005	0.096	0.047	irs	0.003	0.073	0.034	irs	0	0.105	0.001	irs
83	0.002	0.135	0.017	irs	0.003	0.137	0.022	drs	0	0.136	0.001	irs
84	0.12	0.127	0.942	drs	0.026	0.165	0.156	irs	0	0.13	0.001	irs
85	0.011	0.178	0.062	irs	0.001	0.209	0.007	irs	0.002	0.304	0.005	irs
86	0.001	0.033	0.023	irs	0.001	0.041	0.015	irs	0	0.032	0.001	irs
87	0.047	0.071	0.662	irs	0.007	0.045	0.156	irs	0	0.034	0.003	irs
88	0	0.031	0.008	irs	0	0.035	0.014	irs	0	0.148	0	irs
89	0.011	0.102	0.107	irs	0.025	0.1	0.253	irs	0.001	0.464	0.003	irs
90	0.001	0.006	0.148	irs	0.003	0.013	0.202	irs	0	0.074	0.002	irs
91	0.806	0.809	0.996	drs	1	1	1	—	0.041	1	0.041	irs
92	0.021	0.57	0.036	irs	0.013	0.7	0.018	irs	0.004	0.079	0.055	irs
93	0.033	0.048	0.683	irs	0.033	0.067	0.495	irs	0.001	0.129	0.007	irs
94	0.017	0.44	0.039	irs	0.005	0.519	0.009	irs	0	0.466	0.001	irs
95	0.045	0.048	0.936	irs	0.152	0.162	0.936	irs	0	0.086	0.003	irs
96	0.003	0.277	0.011	irs	0.002	0.422	0.005	irs	0.001	0.57	0.002	irs
97	0.034	0.356	0.094	irs	0.041	0.288	0.142	irs	0.001	0.27	0.005	irs
98	0.003	0.011	0.23	irs	0.004	0.021	0.184	irs	0	0.025	0.002	irs
99	0.002	0.128	0.015	irs	0.004	0.139	0.027	irs	0	0.257	0	irs
100	0.005	0.095	0.053	irs	0.343	0.936	0.366	drs	0	0.087	0	irs
mean	0.094	0.215	0.276		0.08	0.239	0.228		0.016	0.233	0.029	

注：其中 irs 表示规模收益递增，drs 表示规模收益递减。

二、第二阶段 SFA 回归结果分析

第二阶段使用 Frontier 4.1 软件以第一阶段企业环保支出和建设项目"三同时"环保投资的松弛变量为被解释变量，以市场化指数、人均地区生产总值和各地区工业污染治理投资完成情况为解释变量进行 SFA 回归，测算环境变量对第一阶段松弛变量的影响，结果如表 4 - 3 所示。

表 4 - 3　　　　　　　　　　　第二阶段 SFA 回归结果

	环保支出松弛变量		"三同时"环保投资松弛变量	
	系数值	T 检验值	系数值	T 检验值
常数项	$-2.89E+07$ ***	$-2.89E+07$	$-7.53E+01$ ***	-3.07
市场化指数	$2.82E+06$ ***	$2.82E+06$	$1.39E+01$ ***	2.69
人均地区生产总值	-11.22 ***	-4.5	$-3.69E-04$ *	-1.92
各地区工业污染投资	-2.32	-0.65	$1.58E-04$ ***	8.75
sigma-squared	$1.14E+15$ ***	$1.14E+15$	$9.99E+03$ ***	$4.27E+03$
gamma	0.94 ***	143.83	$4.33E-01$ ***	7.65
log likelihood	$-5.33E+03$		$-1.76E+03$	
LR test of one-sided error	$3.32E+02$ ***		$1.48E+01$ ***	

注：* 表示 10% 的显著性水平，*** 表示 1% 的显著性水平。

其中两种投入松弛变量的 gamma 值为 0.94 和 0.43，而且都在 1% 的显著水平上显著不为 0，说明管理无效率对效率存在显著的影响，进行 SFA 回归是有效的。单边似然比检验（LR test of one-sided error）和 sigma-squared 的显著性水平也通过了 1%，表明回归模型是正确使用的，对投入变量的环境因素和随机噪声影响进行剔除是必要的和合理的。回归系数方面，各个环境变量（除了各地区工业污染投资对环保支出松弛变量的回归系数）均至少在 10% 的显著水平上，说明 SFA 回归中的环

境变量选取比较合理，三个环境变量对松弛变量具有显著影响。

市场化指数对环保支出松弛变量的回归系数正值，说明市场化程度的提高可以显著增加环保支出松弛变量，可见市场化程度的提高会降低企业环保投入，可能的原因是在市场化程度高的情况下，企业能够通过市场机制的作用在降低环保投入的情况下也能够实现环境规制的合规。也就是说市场化程度高能够降低企业的合规成本。对"三同时"环保投资松弛变量的回归系数也为正值，说明市场化程度的提高可以显著增加"三同时"环保投资松弛变量，可见市场化程度的提高对命令控制性环境规制的"三同时"制度效率具有抑制作用。反映企业所在地区的经济发展水平的环境变量人均地区生产总值对环保支出松弛变量和"三同时"环保投资松弛变量的回归系数都为负值，说明经济越发达越可以显著降低环保支出松弛变量，经济的发展水平对环境规制的效率起到了正向作用，经济发展水平越高环境规制效果越好。这和著名的"环境库兹涅茨假说"具有一致性，"环境库兹涅茨假说"认为经济的发展会提升环境质量。在经济发展的初始阶段，经济的增长会导致环境质量的下降，随着经济的不断发展，超过一个临界值点之后，人均收入的增加就会降低环境污染（格罗斯曼和克鲁格，1991）。

在进行 SFA 回归之后，进一步利用罗登跃（2012）所使用的计算公式对投入的管理无效率进行分离，然后对企业环保支出和建设项目"三同时"环保投资初始投入进行调整。得出剔除环境因素、随机噪声和管理无效率等因素的影响投入。

三、第三阶段 DEA 分析

将产出排污费和第二阶段调整后的企业环保支出和建设项目"三同时"环保投资利用 DEAP 2.1 软件进行 DEA 效率测算。运用调整后的投入产出变量测算各个企业的环境规制效率，此时测算出的效率值已经是剔除了环境因素、随机因素和管理无效率的影响，是相对真实准确的（见表 4 - 4）。

表 4 - 4 第三阶段 DEA 效率测算结果

公司	2015 年				2016 年				2017 年			
	TE	PTE	SE	vrs	TE	PTE	SE	vrs	TE	PTE	SE	vrs
1	0.064	0.545	0.118	irs	0.597	1	0.597	irs	0.004	0.998	0.004	irs
2	0.009	0.942	0.009	irs	0.003	0.986	0.003	irs	0	0.999	0	irs
3	0.01	0.731	0.014	irs	0.036	0.909	0.039	irs	0.001	0.999	0.001	irs
4	0.007	0.811	0.009	irs	0.262	0.847	0.309	irs	0.031	0.998	0.031	irs
5	0.092	0.823	0.111	irs	0.368	0.968	0.38	irs	0.007	0.999	0.007	irs
6	0.039	0.41	0.095	irs	0.012	0.761	0.016	irs	0.001	0.997	0.001	irs
7	0.002	0.712	0.002	irs	0.007	0.908	0.007	irs	0	1	0	irs
8	0.001	0.701	0.002	irs	0.005	0.844	0.006	irs	0	0.996	0	irs
9	0.002	0.638	0.003	irs	0.002	0.688	0.003	irs	0.001	1	0.001	irs
10	0.01	0.858	0.012	irs	0.018	0.873	0.02	irs	0.001	0.935	0.001	irs
11	0.011	0.692	0.016	irs	0.004	0.895	0.004	irs	0	1	0	irs
12	0.002	0.82	0.002	irs	0.008	0.925	0.008	irs	0.005	0.999	0.005	irs
13	0.022	0.71	0.031	irs	0.005	0.844	0.006	irs	0.001	0.996	0.001	irs
14	0.001	0.76	0.001	irs	0.021	0.53	0.039	irs	0.003	1	0.003	irs
15	0.045	0.848	0.053	irs	0.128	0.578	0.221	irs	0.043	0.996	0.043	irs
16	0.016	0.413	0.039	irs	0.015	0.935	0.016	irs	0.001	0.999	0.001	irs
17	0.014	0.842	0.016	irs	0.07	0.56	0.125	irs	0.01	1	0.01	irs
18	0.001	0.801	0.001	irs	0.009	0.929	0.01	irs	0.002	0.998	0.002	irs
19	0.103	0.83	0.124	irs	0.937	1	0.937	irs	0.158	0.999	0.158	irs
20	0.036	0.576	0.062	irs	0.038	0.962	0.039	irs	0.001	0.998	0.001	irs
21	0.001	0.936	0.002	irs	0.01	0.86	0.012	irs	0.001	0.999	0.001	irs
22	0.002	0.841	0.002	irs	0.395	0.656	0.602	irs	0.046	0.96	0.048	irs
23	0.131	0.923	0.142	irs	0.075	0.832	0.09	irs	0.068	0.977	0.069	irs
24	0.003	0.85	0.003	irs	0.23	0.917	0.25	irs	0.023	0.998	0.023	irs
25	0.006	1	0.006	irs	0.007	1	0.007	irs	0	0.998	0	irs
26	0.031	0.912	0.034	irs	0.16	1	0.16	irs	0.011	1	0.011	irs
27	0.003	0.789	0.004	irs	0.011	0.914	0.012	irs	0.001	1	0.001	irs

续表

公司	2015 年				2016 年				2017 年			
	TE	PTE	SE	vrs	TE	PTE	SE	vrs	TE	PTE	SE	vrs
28	0.007	0.853	0.008	irs	0.026	0.896	0.029	irs	0.002	0.998	0.002	irs
29	0	0.827	0.001	irs	0.001	0.54	0.002	irs	0	1	0	irs
30	1	1	1	–	0.411	0.775	0.53	irs	0.014	1	0.014	irs
31	0.044	1	0.044	irs	0.006	1	0.006	irs	0.039	1	0.039	irs
32	0.001	0.845	0.001	irs	0.003	0.699	0.004	irs	0.004	1	0.004	irs
33	0.01	0.884	0.011	irs	0.041	0.926	0.044	irs	0.007	1	0.007	irs
34	0.015	0.775	0.019	irs	0.045	0.817	0.055	irs	0.005	0.998	0.005	irs
35	0.013	0.947	0.013	irs	0.002	1	0.002	irs	0.004	1	0.004	irs
36	0.011	0.786	0.015	irs	0.022	0.678	0.033	irs	0.002	1	0.002	irs
37	0.003	0.852	0.004	irs	0.019	0.895	0.021	irs	0.001	0.998	0.001	irs
38	0.003	0.403	0.007	irs	0.019	0.942	0.02	irs	0.001	0.999	0.001	irs
39	0.016	0.788	0.021	irs	0.016	0.906	0.018	irs	0.023	1	0.023	irs
40	0.008	0.79	0.01	irs	0.074	0.945	0.078	irs	0.008	0.998	0.008	irs
41	0.003	0.389	0.008	irs	0.017	0.941	0.018	irs	0.001	0.999	0.001	irs
42	0.096	0.695	0.138	irs	0.181	0.703	0.257	irs	0.046	0.861	0.054	irs
43	0.012	0.949	0.012	irs	0.001	0.997	0.001	irs	0	0.987	0	irs
44	0.006	0.944	0.007	irs	0.034	1	0.034	irs	0.016	0.997	0.016	irs
45	0.026	0.959	0.027	irs	0.06	0.972	0.062	irs	0.43	1	0.43	irs
46	0.001	0.729	0.001	irs	0.002	0.669	0.003	irs	0	1	0	irs
47	0.001	0.854	0.001	irs	0.004	0.882	0.004	irs	0	0.998	0	irs
48	0.005	0.398	0.012	irs	0.036	0.768	0.047	irs	0.004	0.997	0.004	irs
49	0.003	0.809	0.003	irs	0.011	0.897	0.012	irs	0.001	1	0.001	irs
50	0.001	0.783	0.001	irs	0.001	0.845	0.002	irs	0	0.955	0	irs
51	0	0.404	0.001	irs	0.001	0.769	0.001	irs	0	0.991	0	irs
52	0.001	0.827	0.001	irs	0.081	0.85	0.095	irs	0.007	0.986	0.007	irs
53	0.003	0.406	0.008	irs	0.014	0.769	0.019	irs	0.002	0.997	0.002	irs
54	0.002	0.4	0.004	irs	0.007	0.761	0.01	irs	0.001	0.997	0.001	irs

续表

公司	2015 年				2016 年				2017 年			
	TE	PTE	SE	vrs	TE	PTE	SE	vrs	TE	PTE	SE	vrs
55	0.014	1	0.014	irs	0.008	1	0.008	irs	0.041	1	0.041	irs
56	0.008	0.797	0.01	irs	0.031	0.901	0.035	irs	0.011	1	0.011	irs
57	0.275	0.89	0.309	irs	0.013	0.681	0.019	irs	0.001	1	0.001	irs
58	0.001	0.727	0.002	irs	0.005	0.826	0.007	irs	0	1	0	irs
59	0	0.853	0	irs	0.001	0.845	0.001	irs	0	0.991	0	irs
60	0.015	0.993	0.015	irs	0.017	0.982	0.018	irs	0.012	1	0.012	irs
61	0.002	0.877	0.002	irs	0.009	0.872	0.01	irs	0	0.957	0	irs
62	0.001	0.813	0.001	irs	0.004	0.957	0.005	irs	0	1	0	irs
63	0.003	0.972	0.004	irs	0.017	0.97	0.018	irs	0.001	1	0.001	irs
64	0	0.607	0	irs	0.001	0.698	0.001	irs	0	0.998	0	irs
65	0.006	0.408	0.014	irs	0.023	0.735	0.031	irs	0.002	0.875	0.003	irs
66	0.005	0.888	0.006	irs	0.014	0.924	0.016	irs	0.041	0.999	0.041	irs
67	0.066	0.755	0.087	irs	0.035	0.828	0.042	irs	0.003	1	0.003	irs
68	0.036	0.818	0.044	irs	0.048	0.947	0.051	irs	0.051	0.977	0.052	irs
69	0.277	0.923	0.3	irs	0.528	0.965	0.547	irs	0.018	0.998	0.018	irs
70	0.001	0.788	0.001	irs	0.002	0.534	0.004	irs	0	1	0	irs
71	0.001	0.902	0.001	irs	0.002	0.958	0.002	irs	0.004	0.998	0.004	irs
72	0.003	0.814	0.003	irs	0.831	1	0.831	irs	1	1	1	–
73	0.066	0.776	0.085	irs	0.675	0.85	0.795	irs	0.042	1	0.042	irs
74	0.045	0.817	0.055	irs	0.151	0.938	0.161	irs	0.001	0.999	0.001	irs
75	0.022	1	0.022	irs	0.077	1	0.077	irs	0.111	1	0.111	irs
76	0.01	0.396	0.024	irs	0.06	0.766	0.079	irs	0.011	0.998	0.011	irs
77	0.011	0.933	0.011	irs	0.009	0.828	0.011	irs	0.001	0.973	0.001	irs
78	0.002	0.604	0.003	irs	0.024	0.697	0.034	irs	0.002	0.998	0.002	irs
79	0.004	0.973	0.004	irs	0.029	1	0.029	irs	0.002	1	0.002	irs
80	0.002	0.791	0.003	irs	0.003	0.913	0.003	irs	0.034	1	0.034	irs
81	0	0.8	0	irs	0.066	0.82	0.081	irs	0.001	0.998	0.001	irs

续表

公司	2015 年				2016 年				2017 年			
	TE	PTE	SE	vrs	TE	PTE	SE	vrs	TE	PTE	SE	vrs
82	0.003	0.73	0.004	irs	0.005	0.827	0.006	irs	0.001	1	0.001	irs
83	0.001	0.793	0.002	irs	0.004	0.919	0.004	irs	0	0.999	0	irs
84	0.016	0.409	0.038	irs	0.063	0.783	0.08	irs	0	0.973	0	irs
85	0.001	0.677	0.002	irs	0.003	0.688	0.004	irs	0.003	0.96	0.003	irs
86	0.001	0.386	0.002	irs	0.002	0.759	0.003	irs	0	0.997	0	irs
87	0.025	0.405	0.063	irs	0.027	0.76	0.036	irs	0.002	0.997	0.002	irs
88	0	0.782	0	irs	0.001	0.811	0.001	irs	0	0.999	0	irs
89	0.005	0.793	0.006	irs	0.019	0.944	0.02	irs	0.002	0.998	0.002	irs
90	0.003	0.717	0.005	irs	0.011	0.665	0.016	irs	0.001	1	0.001	irs
91	1	1	1	—	1	1	1	—	1	1	1	—
92	0.002	0.822	0.002	irs	0.005	0.936	0.005	irs	0.032	0.999	0.032	irs
93	0.035	0.755	0.046	irs	0.045	0.918	0.049	irs	0.004	0.999	0.004	irs
94	0.001	0.806	0.001	irs	0.004	0.875	0.005	irs	0	0.967	0	irs
95	0.101	0.776	0.13	irs	0.307	0.934	0.329	irs	0.002	0.999	0.002	irs
96	0.001	0.828	0.001	irs	0.002	0.889	0.003	irs	0.001	1	0.001	irs
97	0.008	1	0.008	irs	0.04	0.955	0.042	irs	0.003	1	0.003	irs
98	0.008	0.771	0.01	irs	0.017	0.82	0.021	irs	0.001	0.998	0.001	irs
99	0.001	0.998	0.001	irs	0.004	0.967	0.004	irs	0	0.999	0	irs
100	0.007	0.985	0.007	irs	0.998	1	0.998	irs	0.001	1	0.001	irs
mean	0.04	0.774	0.046		0.098	0.858	0.109		0.035	0.992	0.035	

注：其中 irs 表示规模收益递增，drs 表示规模收益递减。

通过第一阶段和第三阶段的对比可以发现，处于效率前沿面的企业发生了变化，剔除了环境因素、随机因素和管理无效率的影响后，处于效率前沿面的企业比之前有所减少，平均纯技术效率都有所提高，而且在 2015 年、2016 年和 2017 年是逐年提高的，说明企业对于环境规制方面的投入在管理和技术上的效率还是比较接近相对技术有效的，在

2017年为0.992，已经接近于1，在效力前沿面的企业有38家，占样本企业总数的38%。经过调整之后平均综合技术效率和平均规模效率产生了波动，有提高也有降低，但是效率值都比较低，说明综合效率的低效率主要是由于规模效率低下所导致的。在第三阶段只有金晶科技（DMU91）的环境规制的综合技术效率（TE）、纯技术效率（PTE）和规模效率（SE）都等于1，而有的企业综合效率非常低，接近于零。

四、不同所有制性质企业环境规制效率对比

通过三阶段DEA测算，得出了100家上市公司的环境规制相对真实的效率值，本章意在比较不同所有制企业环境规制效率的差异，进而分析企业所有制性质对环境规制效率的不同。关于国有企业和民营企业的环境规制效率值如表4-5所示。

国有企业和民营企业的环境规制平均综合技术效率都比较低，投入调整后民营企业的平均综合技术效率2015年和2017年较国有企业偏高一些，而国有企业的平均纯技术效率三年内均高于民营企业，平均规模效率和平均综合技术效率在国有企业和民营企业的对比中是保持一致的，也进一步说明综合技术效率主要来源于规模效率的影响。

表4-5　　　　　　　　不同所有制性质环境规制效率值对比

	第一阶段								
	2015 年			2016 年			2017 年		
	TE	PTE	SE	TE	PTE	SE	TE	PTE	SE
民营企业均值	0.0959	0.2030	0.2579	0.0485	0.2189	0.1865	0.0052	0.2105	0.0163
国有企业均值	0.0920	0.2263	0.2919	0.1093	0.2582	0.2667	0.0257	0.2531	0.0413
	第三阶段								
民营企业均值	0.0591	0.7726	0.0640	0.0809	0.8505	0.0892	0.0389	0.9900	0.0391
国有企业均值	0.0234	0.7745	0.0301	0.1139	0.8659	0.1267	0.0310	0.9946	0.0311

第五节 本章小结

本章通过运用三阶段 DEA 对 2015～2017 年 100 家上市公司环境规制效率的测算,并对所选取的样本企业按照所有制性质分为国有企业和民营企业两类进行对比。结果表明,我国企业的环境规制效率普遍较低,尤其是环境规制的综合技术效率和规模效率。市场化指数、人均地区生产总值和各地区工业污染投资对企业环境规制效率有显著影响,尤其是对环境规制的纯技术效率影响较大,企业的环境规制纯技术效率是逐年提高的,很多企业已经达到了效率前沿面,而没有达到的企业的效率也几乎都在 0.9 以上。国有企业的平均纯技术效率比民营企业要略高一些,但是差距很小,说明环境规制投入在目前的技术水平上是比较有效的,由于 DEA 分析进行的测算相对有效,所以如果技术水平比较接近,也会出现纯技术效率比较接近的情况,比如纯技术效率为 1 的部分企业,仅仅代表这些企业在样本企业中效率相对为高效率的。环境规制的综合技术效率不高,无论是国有企业还是民营企业都不高,同时规模效率也比较低,可见,在剔除环境因素后,正是由于规模效率的低下导致综合效率难以提升,因为环境规制效率的不高主要是受规模效率水平低下的制约,而要提升环境规制效率,调整的重点是如何更好地提高规模效率。

第五章

企业所有制性质对环境规制效果
影响的实证分析

企业是造成污染的主要来源，不同所有制性质的企业因为其本身的所有权特性、自身的规模、和政府之间的关系、政治地位等因素会影响到环境规制机构对其进行监管。要提高环境规制对不同企业的规制效果，有必要比较不同所有制企业影响环境规制的内在机制，充分发掘国有企业和民营企业对环境规制反应的差异性，揭示环境规制机构对不同所有制性质企业规制效果差异的原因。

前面的章节从理论分析角度对不同所有制性质企业对环境规制的影响进行分析，本章将在前面理论分析的基础上，对所有制性质对环境规制的影响进行实证分析。本章接下来的部分安排如下：（1）进行简单的理论分析并提出研究假设并构建基本的研究模型；（2）采用2011～2017沪深上市公司面板数据，运用 Stata 分析软件进行回归分析；（3）通过对前述回归分析结果的研究和分析，检验之前的研究假设，并对相关研究发现进行总结讨论。

第一节　理论分析与研究假设

与成熟的市场经济国家不一样的是中国正处于经济转轨时期，而且拥有庞大的国有企业存在，虽然有学者认为环境规制没有所有制区别，环境规制的法律也没有为国有企业特设，国有企业具有很强的技术水平和管理能力，环境保护方面要比民营企业好很多（王平，2013）。第一，从社会责任的角度分析，国有企业不仅具有国有资产保值增值的经济责任，同时还要承担公共服务的社会责任，而保护环境和提高资源利用效率就属于一种社会责任。以利润最大化为唯一或者首要目标的民营企业对社会责任的承担要弱于国有企业。第二，从企业功能和目标上分析，国有企业是介于政府和市场之间的制度安排，不仅可以弥补市场失灵，还具有弥补政府失灵的作用，在中国渐进式改革中发挥了独特而重要的政策工具功能。① 环境污染问题属于外部性导致的市场失灵问题。国有企业在建立之初就具有两个目标，社会公共目标是国有企业的首要目标，而对于民营企业而言，经济目标是首要目标。第三，从企业内部治理角度来看，国有企业经营者更像是国家委派的企业生产组织者，更加关注的是自身政治发展、权力和声望，在国家不断加强"环境政绩"的考核的情况下，国有企业经营者对国家相关政策执行具有强的激励，这其中就包含环境规制政策。而民营企业经理人和股东之间利益一般保持高度一致，会导致企业对于产生额外成本的环境规制为节约成本而采取逃避规制的机会主义行为。第四，从投资约束角度来看，国有企业具有预算软约束的特点，会导致国有企业为做到环境规制合规而过度投资，而民营企业面临的投资约束则是刚性的，会导致民营企业在环境保护和污染治理上的投资动力不足。第五，国有企业具有党领导这一独特优势，党的指导思想融入企业治理的各个环节，能够更好贯彻国家意志，贯彻国家绿色发展理念，执行国家环境规制政策。

综合上述理论分析，提出以下研究假设：

假设 H1：在相同环境规制条件下，与民营企业相比，国有企业能

---

① 刘元春. 国有企业的"效率悖论"及其深层次的解释 [J]. 中国工业经济，2001（7）：31 – 39.

够使得环境规制政策具有更好的效果。

如前文所述，本文采用查尔斯·D. 科尔斯塔德（Charles D. Kolstad）的分类方法将基本的环境规制工具分为命令控制型环境规制、市场激励型环境规制和自愿型环境规制，然而根据对现有文献的分析，不同的学者对基本的环境规制工具有不同的分类，而命令控制型环境规制和市场激励型环境规制为大多数学者认可，而自愿型环境规制尚没有达成共识，所以本文在实证部分将不对自愿型环境规制进行分析，着重分析命令控制型环境规制和市场激励型环境规制在不同所有制性质企业中表现出不同的规制效果。

对于命令控制型环境规制，最好的类比是中央计划系统，这个系统存在于苏联的计划经济管理当中（科尔斯塔德，1998），这种环境规制工具的使用完全属于一种政府行政行为，与价格信号以及资源稀缺性无关，对一定时间内每单位经济活动能够容忍多少的污染量完全由政府来决定，对于采取什么样的技术什么样的设备也都由规制机构来选择，当然，规制机构在出台相应的规制政策时已经对各企业各行业做了相对详细的分析来决定合适的污染排放水平和技术标准，但是由于规制机构和企业之间存在着信息不对称问题，规制者很难从企业那里获得准确的污染信息和治污成本，类似于中央计划者的规制机构决策很难做到对不同污染企业实施不同的政策标准以实现边际控制成本和收益相等，只能为所有企业选择一个统一的标准或者选择根据不同行业选择几个标准供企业选择，然而众多企业由于其合规成本存在差异，会有一部分企业不能够选择自己合意的技术标准。由于企业在面临命令控制型环境规制政策时实现合规没有太多的自主权，降低了企业寻找更佳的污染控制方法的激励。国有企业相较于民营企业和政府具有天然的政治联系，在规制机构出台相关技术或者绩效标准时，具有更强的讨价还价能力，有的国有企业处于某个行业的垄断地位，由于规模和技术上的优势，会参与到命令控制型环境规制政策制定过程中，而在这一过程中所形成的各项控制标准，对于国有企业将很有针对性，或者标准较低足以维护国有企业利润率，或者标准较高进一步维护国有企业的行业垄断地位，通过技术和绩效标准阻止民营企业进入。所以对于这样的命令控制型环境规制政策，国有企业的执行意愿将会优于民营企业，会在短时间内在规模和资本优势情况下实现规制合规。而民营企业直接面临的是"直接成本效应"和"投资挤出效应"，需要拿出一部分资金来购买安装规制机构所要求的污染控制设备，而这会直接导致企业经营成本增加，而企业也只能做到合规，即环境污染的行为合格。

基于上述分析，提出假设 H2：

假设 H2：在相同环境规制条件下，与民营企业相比，国有企业能够使得命令控制型环境规制政策具有更好的效果。

以市场为基础的市场激励型环境规制对于企业来说具有选择上的灵活性，可以通过市场选择适合自己企业的成本较低的方法来控制污染，对于排污费的征收标准，企业会把污染控制的边际成本设定在收费的水平上，在满足等边际的原则上实现对污染的控制，民营企业不需要增加额外的成本就可以实现对污染的控制。国有企业由于预算软约束的问题，没有太高的激励去市场上寻找成本更低的控制污染方式，也没有动力去考虑如何使得排污成本符合等边际原则。国有企业由于其本身与政府的天然联系，而且在自己所处的行业内几乎是绝对的垄断地位，依靠垄断和行政资源就能够保证获得较多利润，市场上缺乏有力的竞争对手，所以国有企业对市场激励型环境规制反应不敏感。

"波特假说"认为，恰当的环境规制政策能够对企业创新产生激励，能够提高企业生产效率收益，与不受规制的企业相比，可能产生绝对的优势，有利于提高企业的竞争力（波特，1991）。市场激励型环境规制能够为民营企业提供充分的激励机制，一方面，企业可以寻找到适合企业自身的污染控制技术，另一方面，企业可以通过技术创新，在生产中采取新的技术得以降低合规成本，提高企业的盈利能力和竞争力。企业除了满足规制机构的基本要求外，由于企业的社会责任感或者为了企业的良好声誉，民营企业主存在"商而优则仕"的思想，积极控制污染，展现良好"企业公民"，更容易实现企业政治关联，成为"企业家官员"，从而获得政治关联所带来的优势，因此企业可能会做出"过度"的污染控制行为，企业行为对污染的控制效果要好于规制机构所提出的最低要求。

基于上述对市场激励型环境规制的分析，提出假设 H3：

假设 H3：在相同环境规制条件下，与国有企业相比，民营企业能够使得市场激励型环境规制政策具有更好的效果。

第二节　研究设计

一、研究数据说明

本文选取沪深两市中制造业上市公司作为实证研究样本来源，考虑到数据的可得性，在 2007 年国家环保总局公布了《环境信息公开办法（试行）》，但很少有上市公司主动公布环境信息，直到 2010 年《关于进一步严格上市环保核查管理制度加强上市公司环保核查后督察工作的通知》规定出台，要求上市公司发布年度环境报告，披露环境信息的公司逐渐增加，本章选取时间跨度为 2011～2017 年的 228 个上市公司面板数据。考虑到数据中部分指标缺失和出现异常值等问题，本章对所收集数据进行了以下处理：第一，删除掉 ST*、SST* 的样本公司；第二，删除掉研究变量部分有年份数据缺失的样本公司。

本章中上市公司数据来源于国泰安（CSMAR）、锐思数据库（RESSET）和万德数据库（WIND），人均国民生产总值来自各年度《中国统计年鉴》，环境投资数据以及环境规制数据来自各年度《中国环境统计年鉴》和《中国环境年鉴》。由作者本人整理计算获得，数据计算及实证检验过程用 Excel 2010 和 Stata 14.0 软件计算完成。

二、研究变量说明

(一) 被解释变量

环境规制执行指数 (eri)。由于我国环境信息披露制度尚处于起步阶段，微观企业层面所披露信息质量不高，定量信息少，数据难以获得，据 Wind、巨潮网和东方金诚不完全统计，截至 2018 年 8 月，我国上市公司发布环境信息总报告数不足 30%。一般情况下，污染较重的企业的环保投入较大（蔡宏波、何佳俐，2019）。本章用环境规制执行指数作为环境规制效果的代理变量，该指数由"eri = 上市公司环保支出/公司营业总收入"式给出，表示上市公司拿出营业总收入的多大比例来进行环保投资，避免由于企业规模差异导致公司环保投入绝对数量的差异，反映了企业为执行环境规制所做出的努力，而且企业环保投入属于企业的一种成本，企业有激励在平均每单位环保投入中实现最大的环境绩效，所以用环境规制指数（ERI）能够反映政府对企业环境规制的效果。其中上市公司环保支出来源于上市公司企业社会责任中环境与可持续发展部分所报告内容，数据包含了企业的污染治理投入数据、企业运行管理、清洁生产、环保设施改造、环保技术改革创新投资等项目投入。

(二) 解释变量

noeo（企业所有制性质），模型的主要解释变量是企业所有制性质，本章借鉴李文贵和余明桂（2012）及冯艳丽（2016）等的研究方法，将数量极少的外资控股企业排除掉，把样本中选取的上市公司的所有制性质依据国泰安（CSMAR）金融数据库上市公司股权结构分为国有企业和民营企业，其中国有企业赋值为 1，民营企业赋值为 0。

er（环境规制），环境规制分为市场激励型环境规制、命令控制型环境规制和隐性环境规制，而各种规制工具有不同的政策手段，政府规制机构根据环境规制目标采取不同的环境规制手段。和单一的手段相比，多种手段的组合会起到更好的规制效果，在检验环境规制这一因素对企业环境努力程度影响时，综合多种规制手段的指标要比单一指标更加科学全面，所以本文将在数据的可得性限制下，为尽可能使得各指标的权重更加客观，采取熵值法将多种数据指标综合一起作为衡量环境规制的综合因素。

熵值法运算步骤如下：

1. 原始数据标准化

为消除原始数据量纲和数量级差异对评价的影响，对原始数据做以下处理。

对于正向指标：

$$X'_{\theta ij} = \frac{X_{\theta ij} - \min(X_{\theta 1j},\ X_{\theta 2j},\ \cdots,\ X_{\theta nj})}{\max(X_{\theta 1j},\ X_{\theta 2j},\ \cdots,\ X_{\theta nj}) - \min(X_{\theta 1j},\ X_{\theta 2j},\ \cdots,\ X_{\theta nj})}$$

对于负向指标：

$$X'_{\theta ij} = \frac{\max(X_{\theta 1j},\ X_{\theta 2j},\ \cdots,\ X_{\theta nj}) - X_{\theta ij}}{\max(X_{\theta 1j},\ X_{\theta 2j},\ \cdots,\ X_{\theta nj}) - \min(X_{\theta 1j},\ X_{\theta 2j},\ \cdots,\ X_{\theta nj})}$$

其中 $X_{\theta ij}$ 表示 θ 年 i 省的第 j 项规制手段指标值，$X'_{\theta ij}$ 是该指标的标准化值，因为本文指标值均为正值，所以不对数据进行平移处理。

2. θ 年第 i 省的第 j 项规制手段指标值占该规制指标比重

$$y_{\theta ij} = \frac{x'_{\theta ij}}{\sum\limits_{\theta=1}^{r} \sum\limits_{i=1}^{n} x'_{\theta ij}},\ (\theta = 1,\ 2,\ \cdots,\ r;\ i = 1,\ 2,\ \cdots,\ n;\ j = 1,\ 2,\ \cdots,\ m)$$

建立 $Y = [y_{\theta ij}]_{m \times n}$ 比重矩阵。

3. 计算第 j 项指标的信息熵 e_j：

$$e_j = -k\left[\sum_{\theta=1}^{r} \sum_{i=1}^{n} y_{ij} \ln y_{\theta ij}\right],\ k > 0,\ k = \frac{1}{\ln(rn)}$$

4. 计算第 j 项指标的权重 w_j：

$$w_j = \frac{g_j}{\sum\limits_{j=1}^{m} g_j},\ j = 1,\ 2,\ \cdots,\ m$$

其中 g_j 是第 j 项指标的差异系数，$g_j = 1 - e_j$，g_j 越大越重要。

5. 计算第 θ 年第 i 省环境规制各项政策手段的综合得分 $ER_{\theta i}$

$$ER_{\theta i} = \sum_{j=1}^{m} y_{\theta ij} \times w_i$$

pwf（市场激励型环境规制），市场激励型环境规制政策手段一般有补贴、可交易许可证、环境税费和押金返还制度等，可交易许可证虽然有不少省份已经建立了排污权交易平台，但是并没有完全普及，而且有研究表明可交易许可证制度治理污染效果并不明显（李永友、沈坤荣，2008），补贴以及押金返还制度等相关数据难以获得，排污收费制度开始于 1983 年，已有文献的大量研究表明排污费制度是相对稳健有效的环境规制工具（Dasgupta et al.，2001；Wang and Chen，2005；Wang and Wheeler，2005；李永友、沈坤荣，2008），本章用各省市排污费解缴入库户金额来衡量市场激励性环境规制。

per（命令控制型环境规制），命令控制型环境规制政策一般由规制机构收集企业信息，然后做出决策，通过行政命令的方式要求企业采取具体的实际行动来控制污染，包括"三同时投资""行政处罚案件数"和"当年环境标准数"。

（三）控制变量

tass（公司规模）：本文用资产总计作为衡量公司规模的变量，环境规制效果受企业规模的影响。一般情况下，规模较大的企业具有较强的资金能力，能够在面临较高强度的环境规制时有充足的资金投入达到规制要求，而规模较小的企业，在面临突如其来的环境规制时，将会面临着合规需要的大量资金压力，在很大程度上提高企业的运营成本，如果合规成本很高，将可能导致一部分企业短期内降低生产规模或者部分企业铤而走险，做出私自偷排、篡改检测数据的违法行为。规模较大的企业具有较大的影响力，具有较强的与政府议价能力，有可能凭借自身资金和技术优势，游说环境规制机构在制定规制标准时提高一定的标准，一方面为潜在的进入企业设置进入壁垒，另一方面促使一部分企业退出，使得企业获得垄断利润。而规模较小的企业资本影响力较小，而要形成企业联盟也将面临联盟产生的成本。环境规制能够提高规模较大且合规成本较低的企业利润，降低规模较小且合规成本较低的企业的利润率（龙小宁、万威，2017）。

　　国有企业和民营企业存在规模的差别，国有企业规模比较大，而且随着经济的发展，国有企业规模有不断的扩大趋势，而民营企业的平均规模增长却比较缓慢。表 5 - 1 显示了平均单个国有控股企业和单个民营企业的规模。图 5 - 1 显示了国有企业和民营企业随时间变化的趋势。其中民营企业规模由表达式（5.1）给出，国有控股企业规模由表达式（5.2）给出：

$$单个民营企业规模 = \frac{民营企业资产总计}{民营企业个数} \tag{5.1}$$

$$单个国有控股企业规模 = \frac{国有控股企业资产总计}{国有控股企业个数} \tag{5.2}$$

表 5 - 1　　　　　　　**国有企业、民营企业规模对比**　　　　单位：亿元

年份	性质	
	民营企业规模	国有控股企业规模
1998	0.139400019	1.157240373
2000	0.175064624	1.570695657
2005	0.244912938	4.281020854
2006	0.270575079	5.414580746
2007	0.301021855	7.649316731
2008	0.308641814	8.858976681
2009	0.356111565	10.51886933
2010	0.42768154	12.23324248
2011	0.707316568	16.51852393
2012	0.80590066	17.48329897
2013	0.900654002	18.51975234

续表

年份	性质	
	民营企业规模	国有控股企业规模
2014	0.996844646	19.74206933
2015	1.057737338	20.61970892
2016	1.117744518	21.95900326
2017	1.127819074	23.11128483

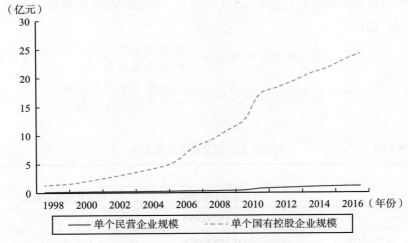

图 5-1　单个企业规模随时间变化

其他控制变量：本章借鉴哈特曼等（Hartman et al.，1997）、贝罗内和戈麦兹—梅希亚（Berrone and Gomez-Mejia，2009）及张艳磊（2015）等学者的研究，引入以下地区层面和公司层面的变量作为控制变量：①riinv（工业污染治理投资）；②legdp（上市时长），公司上市时长对公司的环境污染有显著相关关系（姚圣、程娜，2014；Maung et al.，2016），本文选择上市公司上市时间截至 2017 年 12 月 31 日的总天数除以 365 计算出公司上市时长；③gqjzdzb3（股权集中度）；④netp（净利润）。

表 5 - 2　　　　　　　　　　　　变量定义一览表

变量符号	变量名称	变量描述
eri	环境规制执行指数	上市公司环保支出/公司营业总收入 * 100%
noeo	企业所有制性质	虚拟变量，国有企业赋值1，民营企业赋值0
er	环境规制	熵值法综合"三同时投资""行政处罚案件数""当年环境标准数""排污费"
per	命令控制型环境规制	熵值法综合"三同时投资""行政处罚案件数""当年环境标准数"
pwf	市场激励型环境规制	排污费解缴入库金额（单位：万元）
riinv	工业污染治理投资	各地区工业污染治理投资完成情况（单位：万元）
tass	公司规模	公司资产总计（单位：亿元）
gqjzdzb3	股权集中度3	公司前五位大股东持股比例之和
tca	流动资产合计	公司流动资产合计（单位：万元）
legdp	上市时长	(2017 年 12 月 31 日 - 公司上市起始时间)/365
netp	净利润	公司当年净利润（单位：万元）

三、模型设定

由于公司环境规制执行指数受到公司营业总收入的影响，而环境投资意愿可能受到上一年营业收入的影响，所以本章采用动态面板模型，在模型中加入被解释变量公司环境规制执行指数的滞后一期，运用系统 GMM 估计方法来检验沪深两市上市公司中不同所有制性质企业在不同类型的环境规制工具作用下的企业环境规制执行情况，设定计量模型如下：

$$\ln eri_{it} = \alpha + \varphi \ln eri_{it-1} + \beta noeo + \sum controls + \varepsilon_{it} \quad (5.3)$$

$$\ln eri_{it} = \alpha + \varphi \ln eri_{it-1} + \beta noeo + \gamma_i ER_{type} + \sum controls + \varepsilon_{it} \quad (5.4)$$

$$\ln eri_{it} = \alpha + \varphi \ln eri_{it-1} + \beta noeo + \delta_i noeo \times ER_{type} + \gamma_i ER_{type} + \sum controls + \varepsilon_{it}$$
$$(5.5)$$

其中，下标 i 表示的是样本上市公司，t 表示的时间，即 2011 ～

2017 年，ε_{it} 是随机扰动项，用来衡量随机的干扰因素，被解释变量环境规制执行指数 $lneri_{it}$ 衡量了环境规制下企业的执行情况，本章加入解释变量的滞后一期 $lneri_{it-1}$ 来反映企业环境规制执行的动态和连续性，noeo 表示企业的所有制性质，分为国有企业和民营企业，如果所有制性质为国有企业则赋值为 1，如果为民营企业则赋值为 0，在表达式（5.4）中依次加入 ER_{type} 表示环境规制类型，本章中分别设置为三类，分别是不加区分的综合的环境规制 lner、命令控制性环境规制 lnper 和市场激励性环境规制 lnpwf，表达式（5-5）中将依次加入企业所有制性质和不同环境规制的交互项，以检验环境规制和企业所有制性质的交互作用，$\sum controls$ 为地区和公司层面的控制变量，分别是 lntca（流动资产合计）、lnriinv（各省工业污染治理投资）、lnlegdp（公司上市时长）、lngqjzdzb3（股权集中度指标）、lntass（企业规模）、lnnetp（公司净利润）。

第三节　实　证　分　析

一、描述性统计

模型中所选取变量的描述性统计如表 5-3 所示，表中展示了样本量、均值、标准差、最小值和最大值。

表 5-3　　　　　　　　　　描述性统计

Variable	Obs	Mean	Std. Dev.	Min	Max
lneri	1592	3.402	1.797	-4.605	8.471
noeo	1596	0.627	0.484	0	1
lner	1596	0.36	0.295	0.003	1.351

续表

Variable	Obs	Mean	Std. Dev.	Min	Max
noeolner	1596	0.191	0.259	0	1.351
lnpwf	1596	11.118	0.83	7.955	12.446
noeolnpwf	1596	6.888	5.357	0	12.446
lnper	1596	0.291	0.363	0.001	2.424
noeolnper	1596	0.158	0.3	0	2.424
lntca	1596	7.842	1.258	3.487	12.577
lnriinv	1596	332000	288000	10946	1420000
lnlegdp	1596	2.666	0.427	1.686	3.299
lngqjzdzb3	1596	3.889	0.326	2.251	4.516
lntass	1596	8.712	1.265	4.475	13.264
lnnetp	1397	4.945	1.595	−0.975	10.275

二、相关性分析

表 5 - 4 　　　　　　　　　　变量相关性分析

Variable	lneri	noeo	lnpwf	noeolnpwf	lner	noeolner	noeolnper
lneri	1						
noeo	0.219 ***	1					
lnpwf	0.064 **	−0.213 ***	1				
noeolnpwf	0.229 ***	0.992 ***	−0.103 ***	1			
lner	0.0100	−0.240 ***	0.447 ***	−0.201 ***	1		
noeolner	0.184 ***	0.570 ***	0.151 ***	0.608 ***	0.455 ***	1	
noeolnper	0.164 ***	0.406 ***	−0.0120	0.414 ***	0.471 ***	0.880 ***	1
lnper	0.0180	−0.139 ***	0.156 ***	−0.128 ***	0.874 ***	0.457 ***	0.635 ***
lntca	0.368 ***	0.266 ***	−0.058 **	0.264 ***	0.00500	0.230 ***	0.244 ***
lnriinv	0.0190	−0.242 ***	0.603 ***	−0.191 ***	0.509 ***	0.109 ***	0.0280
lnlegdp	0.115 ***	0.514 ***	−0.117 ***	0.520 ***	−0.207 ***	0.295 ***	0.184 ***

续表

Variable	lneri	noeo	lnpwf	noeolnpwf	lner	noeolner	noeolnper
Lngqjzdzb3	0. 234 ***	0. 102 ***	− 0. 0240	0. 096 ***	− 0. 0110	0. 079 ***	0. 092 ***
lntass	0. 448 ***	0. 331 ***	− 0. 082 ***	0. 327 ***	− 0. 00600	0. 265 ***	0. 282 ***
lnnetp	0. 499 ***	0. 104 ***	− 0. 0270	0. 103 ***	− 0. 00300	0. 087 ***	0. 120 ***

Variable	lnper	lntca	lnriinv	lnlegdp	lngqjz ~ 3	lntass	lnnetp
lnper	1						
lntca	0. 084 ***	1					
lnriinv	0. 287 ***	− 0. 0360	1				
lnlegdp	− 0. 139 ***	0. 223 ***	− 0. 199 ***	1			
lngqjzdzb3	0. 0210	0. 298 ***	− 0. 111 ***	− 0. 165 ***	1		
lntass	0. 089 ***	0. 297 ***	− 0. 044 *	0. 262 ***	0. 271 ***	1	
lnnetp	0. 053 **	0. 616 ***	− 0. 00500	0. 053 **	0. 252 ***	0. 437 ***	1

表（5-4）中列出了文中实证模型中所使用的变量之间的相关关系，通过相关关系可以初步对假设进行分析，noeo（企业所有制性质）和 lneri（环境规制执行指数对数）之间相关系数显著相关且相关系数为正，两者的正相关关系初步验证了假设 H1，国有企业在环境规制政策执行方面的表现要优于民营企业。

多重共线性指的是在进行回归时模型含有的解释变量之间的线性相关导致估计不真实或不精确，相关性分析表格中交互项和对应的组成交互项的变量之间存在较高的相关性，在实证分析中将对其进行中心化消除相关性问题，综合的环境规制、命令控制性环境规制和激励性环境规制之间的相关性也比较高，在回归模型中这些变量将不会同时出现在同一个回归方程中，所以表中较高的相关性不影响估计结果。除此之外，其他解释变量之间的相关系数总体不高，模型中将几乎不存在多重共线性问题，所以模型的估计是比较可靠的。

三、回归结果分析

本文通过实证检验结果对解释变量的滞后一期的显著性、Sargan 检验结果以及系统 GMM 的 AR(1)、AR(2) 检验结果来对动态面板设定的合理性进行检验，表 5 - 5 和表 5 - 6 的结果显示，模型 5 - 3、模型 5 - 4 和模型 5 - 5 中被解释变量的滞后一期系数显著不为零，反映出公司环境规制执行指数具有路径依赖的特点和动态性特点。Sargan 检验的 P 值均大于 0.3，拒绝原假设，说明实证过程中选择的工具变量是有效的。AR(1) 检验的 P 值显著拒绝原假设，AR(2) 的 P 值不显著接受原假设，通过以上检验说明动态面板模型 5 - 3、模型 5 - 4 和模型 5 - 5 的设定是合理的。

表 5 - 5　　　　　企业所有制性质对环境规制执行指数的影响

变量	(1) model 0	(2) model 11	(3) model 21	(4) model 31
L. lneri	0. 688 *** (0. 0772)	0. 601 *** (0. 0541)	0. 603 *** (0. 0545)	0. 674 *** (0. 0794)
noeo	0. 913 ** (0. 397)	1. 260 *** (0. 444)	1. 281 *** (0. 445)	0. 900 ** (0. 440)
lntca	0. 317 ** (0. 145)	0. 367 *** (0. 137)	0. 368 *** (0. 137)	0. 318 ** (0. 142)
lnriinv	− 0. 000000450 ** (0. 000000179)	− 0. 000000480 ** (0. 000000217)	− 0. 000000491 ** (0. 000000218)	− 0. 000000444 ** (0. 000000178)
lnlegdp	− 0. 839 * (0. 593)	− 0. 933 * (0. 554)	− 0. 972 * (0. 554)	− 0. 990 * (0. 578)
lngqjzdzb3	0. 479 * (0. 272)	0. 343 * (0. 257)	0. 341 * (0. 258)	0. 477 * (0. 274)
lntass	− 0. 122 (0. 149)	− 0. 177 (0. 171)	− 0. 177 (0. 171)	− 0. 120 (0. 148)

续表

变量	(1) model 0	(2) model 11	(3) model 21	(4) model 31
lnnetp	0. 100 *** (0. 0367)	0. 110 *** (0. 0327)	0. 110 *** (0. 0327)	0. 0974 *** (0. 0371)
lner		− 0. 0416 * (0. 153)		
lnper			− 0. 0746 (0. 102)	
lnpwf				− 0. 106 (0. 197)
_cons	− 0. 914 (2. 240)	− 0. 0215 (2. 049)	0. 0765 (2. 048)	0. 714 (3. 142)
AR (1)	[0. 0000]	[0. 0000]	[0. 0000]	[0. 0000]
AR (2)	[0. 6585]	[0. 6502]	[0. 6411]	[0. 6346]
sargan	[0. 9325]	[0. 5589]	[0. 5327]	[0. 9314]
Year	控制	控制	控制	控制
N	1179	1179	1179	1179

注：圆括号内为标准差， * 表示 p < 0.1， ** 表示 p < 0.05， *** 表示 p < 0.01，方括号内为 P 值。

表 5 – 6　　　加入企业所有制性质与环境规制交叉项后回归结果

变量	(5) model 12	(6) model 22	(7) model 32
L. lneri	0. 609 *** (0. 0543)	0. 611 *** (0. 0547)	0. 678 *** (0. 0823)
noeo	0. 788 * (0. 479)	0. 939 *** (0. 468)	− 6. 761 *** (2. 840)
noeolner	0. 736 *** (0. 271)		
lner	− 0. 386 ** (0. 201)		

续表

变量	(5) model 12	(6) model 22	(7) model 32
noeolnper		0.440 *** (0.182)	
lnper		−0.292 *** (0.139)	
noeolnpwf			0.683 *** (0.254)
lnpwf			−0.612 *** (0.174)
lntca	0.354 *** (0.136)	0.359 *** (0.136)	0.299 *** (0.138)
lnriinv	−0.000000457 *** (0.000000217)	−0.000000464 *** (0.000000218)	−0.000000465 *** (0.000000178)
lnlegdp	−0.921 ** (0.554)	−0.896 * (0.556)	−1.193 *** (0.605)
lngqjzdzb3	0.314 (0.258)	0.326 (0.258)	0.483 ** (0.277)
lntass	−0.165 (0.171)	−0.180 (0.171)	−0.111 (0.142)
lnnetp	0.113 *** (0.0327)	0.112 *** (0.0327)	0.0957 *** (0.0371)
_cons	0.311 (2.048)	0.189 (2.047)	7.033 *** (2.894)
AR (1)	[0.0000]	[0.0000]	[0.0000]
AR (2)	[0.7081]	[0.6925]	[0.8095]
sargan	[0.6465]	[0.5876]	[0.9172]
year	控制	控制	控制
N	1179	1179	1179

注：圆括号内为标准差，＊表示 $p < 0.1$，＊＊表示 $p < 0.05$，＊＊＊表示 $p < 0.01$，方括号内为 P 值。

表 5-5 报告了在没有加入企业的所有制性质和环境规制工具交互项的回归分析结果，列（1）、列（2）、列（3）和列（4）结果显示，在分别为加入环境规制、命令控制性环境规制和市场激励性环境规制后，表征 noeo（企业所有制性质）的虚拟变量系数显著为正，参考伍德里奇（Wooldridge）的分析，在给定各控制变量和环境规制不变的条件下，如果企业所有制性质属于国有企业，即 noeo = 1 时，系数均为正数，而且至少在 5% 的置信水平上都是显著的，这意味着国有企业在对环境规制政策的执行情况更好，这验证了假设 H1，在相同环境规制条件下，与民营企业相比，国有企业能够使得环境规制政策具有更好的效果。

表 5-6 报告了加入企业的所有制性质和环境规制工具交互项的回归分析结果，并不是所有的截距项都显著，但是对于检验本章的研究假设，截距项不具有任何重要性，本章需要探究的是国有企业和民营企业构成的基组。回归分析结果显示，企业所有制性质和综合的环境规制、命令控制性环境规制以及市场激励性环境规制的交互项系数均显著不为零，说明企业所有制性质和不同的环境规制工具之间存在着统计显著的交互作用，异质性的环境规制效果对于不同所有制性质的企业表现出不同的效果。这和学者刘瑞明（2012）的研究结论一致，即在我国不同的所有制企业在公司治理、承担社会责任等方面存在着比较大的差异。

列（5）是在列（1）的基础上加入了企业所有制性质和综合使用环境规制工具的环境规制，企业所有制性质的系数为 0.788，也即在样本企业为国有企业时，在其他因素不变的情况下，国有企业对环境规制的执行情况好于民营企业，环境规制的系数为 -0.386，然而对于国有企业，施加环境规制政策后环境规制变量的系数变为 0.736 - 0.386 = 0.35，以上系数至少在 10% 的置信水平上显著的，说明随着环境规制的实施，进一步提升了国有企业对环境规制政策的执行效果。进一步验证了研究假设 H1。列（6）是在列（1）的基础上加入了命令控制性环境规制以及和企业所有制性质的交互项，主要解释变量系数都是在 1%

的置信水平上显著。企业所有制性质的系数为 0.939，显著为正，说明在其他因素不变的情况下，国有企业对环境规制的执行情况比较好，加入命令控制性环境规制后，交互项的系数为 0.44，命令控制性环境规制的系数为 -0.292，当企业的所有制性质为国有企业时，因变量对命令性环境规制的弹性为 0.44 - 0.292 = 0.148，所以国有企业在命令控制性环境规制政策工具效果优于民营企业，也即国有企业能够使得命令控制性环境规制政策具有更好的效果，假设 H2 得到了进一步的验证。列（7）在列（1）的基础上加入了市场激励性环境规制工具，主要解释变量企业所有制性质、市场激励性环境规制以及二者的交互项都在 5% 的置信水平上显著，企业所有制性质系数为 -6.761，显著为负，说明在其他因素不变的情况下，国有企业对市场激励性环境规制工具的执行效果不如民营企业，交互项的系数为 0.683，市场激励性环境规制的系数为 -0.612，环境规制执行指数对激励性环境规制的弹性为 0.683 - 0.612 = 0.071，只有市场激励性环境规制工具足够强的时候，国有企业对环境规制的执行才会和民营企业一样好。研究假设 H3 得到验证。

　　模型中的其他控制变量部分显著，有的变量在不同的模型中显著水平不一样，lnriinv（各省工业污染治理投资）在各个模型中都表现出比较好的统计显著性，系数都是负数，表明各省工业污染治理投资没有促进企业对环境规制的执行情况；lnnetp（公司净利润）在每个模型中都表现出在 1% 的置信水平上显著，而且都与企业环境规制执行指数正相关，说明企业的净利润的增加有利于提升企业对环境规制政策的执行；lnlegdp（公司上市时长）在统计意义上也是比较显著，至少在 10% 的置信水平上显著，其系数皆为负数，表明企业上市时长与企业对环境规制的执行是反向相关关系，新上市企业可能受到的审核监管比较严格，而且尚没有建立起政治关联，要通过做一个优秀的"企业公民"，能够给规制部门建立一个好的形象，能够为进一步政治关联做准备，所以上市时长越长反而在环境规制执行方面不如新上市企业；lntca（流动资产合计）在各个模型中都至少在 5% 的置信水平上显著，而且与环境规制执行指数正相关，说明在经济飞速发展的时代，企业对污染控制的投资需要流动资产作为支撑，企业流动资产越多，越有助于企业进行污染控制，有助于企业执行规制部门的环境规制政策。

第四节　稳健性检验

为进一步检验之前的理论假设，本文对模型进行以下稳健性检验分析。首先，对样本进行调整，之前的回归分析中用沪深两市上市公司为2011—2017年近200家公司数据，通过描述性统计发现，样本中大部分为国有企业，占据62.7%之多，超过样本总数的50%，为更好地对国有企业和民营企业之间的环境规制执行指数进行比较，本章在接下来的稳健性检验中将样本中一部分国有企业删除，使得国有企业和民营企业具有相同的比例。其次，采用不同的计量分析方法，之前采用的是动态系统GMM分析，鉴于noeo是不随时间变化的虚拟变量，本章将选取固定效应最小二乘虚拟变量法（LSDV）对模型进行估计，并使用聚类稳健的标准误。最后，被解释变量做调整，在前面进行系统GMM回归时原模型的被解释变量是用"环境规制执行指数＝上市公司环保支出/公司营业总收入"来反映公司对环境规制政策的执行意愿，在稳健性检验中将用"eriz＝上市公司环保支出/公司资产总计"作为新的代理变量来反映公司对环境规制政策的执行意愿。

表5-7和表5-8显示了稳健性检验的结果，稳健性检验回归结果表明，本书的研究假设H1：在相同环境规制条件下，与民营企业相比，国有企业能够使得环境规制政策具有更好的效果。假设H2：在相同环境规制条件下，与民营企业相比，国有企业能够使得命令控制性环境规制政策具有更好的效果。假设H3：在相同环境规制条件下，与国有企业相比，民营企业能够使得市场激励性环境规制政策具有更好的效果。研究假设都得到了支持，并且具有较好的稳健性。

表 5 - 7   稳健性检验回归结果

变量	(1) model 0	(2) model 11	(3) model 21	(4) model 31
noeo	4. 705 *** (0. 448)	4. 733 *** (0. 459)	4. 674 *** (0. 421)	4. 701 *** (0. 450)
lntca	− 0. 00615 (0. 150)	− 0. 00515 (0. 150)	− 0. 00169 (0. 149)	− 0. 00636 (0. 150)
lnlegdp	− 3. 084 *** (0. 126)	− 3. 086 *** (0. 126)	− 3. 105 *** (0. 164)	− 3. 083 *** (0. 126)
lngqjzdzb3	− 0. 429 * (0. 259)	− 0. 427 * (0. 260)	− 0. 431 ** (0. 259)	− 0. 428 * (0. 259)
lntass	− 0. 617 *** (0. 191)	− 0. 622 *** (0. 190)	− 0. 617 *** (0. 190)	− 0. 616 *** (0. 189)
lnnetp	0. 0633 ** (0. 0346)	0. 0632 ** (0. 0346)	0. 0629 ** (0. 0349)	0. 0633 ** (0. 0346)
lner		0. 0381 (0. 148)		
Lnpwf			− 0. 0486 (0. 166)	
lnper				− 0. 00532 (0. 0923)
_cons	5. 013 *** (1. 523)	5. 019 *** (1. 526)	5. 614 ** (2. 864)	5. 011 *** (1. 521)
N	1044	1044	1044	1044
R^2	0. 564	0. 770	0. 783	0. 625

注：圆括号内为标准差，＊表示 $p < 0.1$，＊＊表示 $p < 0.05$，＊＊＊表示 $p < 0.01$。

表 5 – 8 加入企业所有制性质与环境规制交叉项后稳健性检验结果

	（2） model 2	（4） model 22	（3） model 32
noeo	4. 718 *** （0. 476）	4. 705 *** （0. 456）	– 2. 175 * （3. 595）
lntca	– 0. 00597 （0. 149）	– 0. 00599 （0. 149）	– 0. 000425 （0. 148）
lnlegdp	– 3. 087 *** （0. 125）	– 3. 083 *** （0. 126）	– 3. 280 *** （0. 169）
lngqjzdzb3	– 0. 431 ** （0. 259）	– 0. 428 ** （0. 258）	– 0. 442 ** （0. 256）
lntass	– 0. 621 *** （0. 190）	– 0. 616 *** （0. 189）	– 0. 603 *** （0. 185）
lnnetp	0. 0634 ** （0. 0349）	0. 0631 ** （0. 0349）	0. 0688 ** （0. 0349）
noeolner	0. 0610 ** （0. 264）		
lner	0. 0184 * （0. 206）		
noeolnpwf			0. 591 ** （0. 306）
lnpwf			– 0. 450 ** （0. 270）
noeolnper		– 0. 0225 *** （0. 163）	
lnper		0. 00221 * （0. 134）	
_cons	5. 050 *** （1. 528）	5. 002 *** （1. 521）	10. 64 *** （3. 712）
N	1044	1044	1044
R^2	0. 730	0. 536	0. 772

注：圆括号内为标准差，＊表示 p < 0. 1，＊＊表示 p < 0. 05，＊＊＊表示 p < 0. 01。

第五节　本章小结

对于企业所有制性质对环境规制效果的影响，本章通过对国有企业和民营企业对异质性环境规制工具的影响分析，并采用沪深两市上市公司 2011～2017 年面板数据，运用 Stata 14 分析软件对多元动态模型进行回归分析。研究发现，国有企业和民营企业对不同的环境规制工具产生不同的效果，国有企业在多种环境规制手段综合使用的情况下对环境规制政策的执行要优于民营企业，也即环境规制的效果在国有企业要好于民营企业；对于命令控制性环境规制，国有企业的环境规制效果在要好于民营企业；而对于市场激励性环境规制效果，国有企业要逊于民营企业。

随着环境问题日益受到重视，环境规制强度也在逐渐增加，基于以上企业所有制性质对环境规制效果影响的分析以及实证检验结论将会随着规制强度的变化发生变化，本章没有对规制强度进行量化分析，有待于进一步研究。

第六章

政治关联对企业所有制性质影响
环境规制效果的调节效应

2019 年 10 月 31 日党的十九届四中全会公报指出："坚持和完善社会主义基本经济制度,推动经济高质量发展""坚持和完善中国特色社会主义行政体制,构建职责明确、依法行政的政府治理体系"。目前,我国市场经济制度尚不完善,虽然政府职能改革一直在向前推进,但是政府仍然控制着很多社会资源的配置权,市场"看不见的手"和政府"看得见的手"时常交织在一起,难以有清晰的界限,政府对市场的干预有时会影响市场对资源的有效配置,目前政府和市场的复杂关系导致企业热衷于建立政治关联,以期能够获得更多的优惠资源,规避转型期不确定性带来的风险。

企业在面临日趋激烈的市场竞争时,会积极主动与政府建立一种良好的关系,希望能够为企业带来更大的利益(Krueger,1974)。政治关联已经成为企业整体战略的重要部分(奥利弗和霍尔津格,2008),然而不同所有制性质的企业在政治关联上的表现有所不同,国有企业与政府之间具有天然的联系,政治关联性似乎是与生俱来的,而对于民营企业与政府的关系,张维迎(2001)曾经表示"中国私营企业要发展需要搞定政府",民营企业的所有者热衷于让企业具有某种政治关联性。企业政治关联和企业所有制性质被认为是国家所有权以及政治干预盛行的新型经济体中企业环境问题的重要影响因素(Li et al.,2015)。环境规制属于社会性规制，是政府提供的一项规制政策，政府作为规制政策的制定者和规制制度的供给者，政府规制机构在制定环境规制政策以及企业对环境规制的反应过程中，企业与政府之间的关系会对规制政策的制定以及政策实施的效果产生影响。企业所有制性质对环境规制效果影响的研究，需要考虑政治关联这一情境变量的调节作用。本章通过构建政治关联对所有制性质与环境规制效果的调节效应模型来分析政治关联对环境规制效果的影响。已有文献从企业政治关联的调节效应角度来研究企业所有制性质对环境规制效果的影响，而在政府的环境规制政策制定和执行全过程中是否会因为企业政治关联程度不同而出现差异的效果少有涉及；环境规制政策工具可分为基于政府行政权力的命令控制型环境规制、以市场为基础的激励型环境规制和充分发挥企业主观能动性的自愿型环境规制（克尔斯塔德，1999）。本书将从激励型环境规制和命令控制型环境规制两种环境规制政策工具分别对国有企业和民营企业规制效果进行研究，考察政治关联的调节效应。现有文献尚没有类似的研究出现。本章接下来的部分安排如下：（1）进行简单的理论分析提出研究假设并构建基本的研究模型；（2）采用2011－2017年沪深上市公司面板数据，运用Stata分析软件进行回归分析；（3）通过对前述回归分析结果的研究和分析，检验之前的研究假设，并对相关研究发现进行总结讨论。

第一节 理论分析与研究假设

菲斯曼（Fisman，2001）最早把企业和具有政治权力的人之间具有的紧密关系称作"政治关联"。通过学者们对政治关联的不断研究，政治关联的内涵界定也在不断发展。目前被文献普遍采用的是法西奥（Faccio，2006）对政治关联的定义：如果企业股东或高管是国会成员、部长、地区领导或与政治人物具有密切关系，则认为该企业具有政治关联。我国与西方国家在政治体制上有所不同，国内学者根据我国实际，探讨了在我国企业政治关联的内涵界定。通过对已有文献的梳理，可以看出，企业政治关联主要是指企业经营者与政治权利拥有者之间的一种隐性关系，这种关系可以是企业高管拥有政府任职经历，可以是企业管理人员拥有人大或政协委员身份，可以是企业通过慈善捐款和政府建立一种特殊的政企关系，也可以是地方政府官员自身追求政绩与企业税收和 GDP 贡献的一种特殊关系（贾明、张喆，2010；陈爽英等，2010；王永进、盛丹，2012；罗明新，2014；蔡宏波和何佳俐，2019）。在这种关联建立过程中，有时是企业主动，为追求企业利益，有时是政府主动，一方面为利用企业实现某种公共目的，另一方面可能为的是官员个人利益。企业建立政治关联有助于企业及时了解政府政策，和政府有效沟通，在政策执行过程中获得其他企业所没有的优势，甚至于能获得在政策制定之初就能够获得特殊"照顾"。

无论是社会主义国家还是资本主义国家，企业所处的环境包括市场环境和非市场环境，企业在非市场环境中的政治战略和市场环境中的市场战略都能够给企业带来好处，企业的行为也会因为其所处的环境不同而表现出不同的战略（Baron，1996）。在非市场环境中，决定"游戏规则"的是政治法律等，这些规则对企业经营产生了很大影响，这种影响随着政府对企业的规制而变得更加直接。环境规制是由于环境问题存在市场失灵，需要政府干预的一种制度供给，虽然有市场激励性环境规制工具能够实施，但是现实中的环境规制政策是各种规制政策工具的一种组合，命令控制型环境规制在其中起到很重要的作用，所以对于企业来说环境规制是一种含有政府行政色彩的非市场环境。在环境规制和企业合规的过程中，企业与政府之间的关系是企业非市场战略的一个重要组成部分，即企业的政治关联战略，企业可以通过政治关联帮助企业获得竞争优势（艾普斯坦，1969；舒勒，1996）。例如企业组织尝试通过一种政治机制，努力参与塑造政治规则，创造一个更加有利于企业发展的外部环境（普费弗、萨兰西克，1978），希尔曼（2005）研究发现，如果受到严格规制的企业的董事会拥有较多的前政治官员，这些政治官员可以利用信息渠道优势，为企业提供政治资源，这些资源对企业的运营非常有利。尤其是对作为新兴经济体的发展中国家而言，政府倾向于更多的对市场进行干预控制，企业高管的政治资源对于企业的运营来说更为重要，有学者研究发现，在巴西、巴基斯坦、马来西亚和印度尼西亚等新兴经济国家，企业高管团队中拥有的政治关联优势更容易帮助企业获得贷款并能够享受到其他政策优惠（约翰逊，S.，米顿，T.，2003；米扬，A.，赫瓦贾，2006；法西奥，2006；卡里，2006）。即便是在发达的经济体美国，也存在企业的政治关联能够给企业带来一些政策优惠（罗伯特，1990；克罗兹纳，R. S.，1998；Ang，J.，布瓦耶，2007）。

　　国有企业具有天然的政治关联性。在改革开放之前，国有企业的人事管理和行政官员基本上是相同的模式，使得国有企业带有很浓厚的行政色彩，不同级别的国有企业和不同级别的行政官员是一一对应的，国有企业管理者具有一定的行政级别，国企管理者和行政机构官员也存在着身份互换的情况，甚至于被看作是一种正常的行政人事调动，虽然经历了企业的改革，在改革过程中专门有"政企分离"的要求，然而这个过程更多体现在制度层面，改革的要求在现实中体现并不是很明显，国有企业"政企不分"现象依然存在，国企管理者和行政机构官员之间的人事调动情况依然存在。国有企业的管理者和上级主管部门之间的"业务指导"关系使得他们事实上依然属于同一个群体，具有相同的目标利益，所以出现位置互换和交叉任职现象也就很难避免，在国有企业的管理层构成中，有很大比例具有政府机构工作背景，通过统计有信息披露的 47 家央企发现，平均每家企业有 2.45 名高管具有政府部门工作经历（天则经济研究所，2011）。"在 A 股上市的国有企业之中，有1142 名企业高管人员曾经是政府官员，接近高管总数的 50%"（周俊，2010）。

　　事实上，利用政治关联借助公权力获得利益，是任何企业管理层都会想要采取的方法，在西方国家，一样有企业希望借助于公权力获得企业的利益，在美国，企业会进行国会游说，希望国会能够通过一个有利于自己企业的相关法案，奥尔森（Olson，1982）指出，利益集团为了自己集团的利益，对国会进行游说以使得对自己集团有利的政策能通过，可是，利益集团的利益只是社会利益的一小部分，这些通过的政策可能会损害整个社会的利益。在中国，政治结构不同，企业获得政治支持的手段也不同。与美国不同，中国行政部门具有制定部门法规和政策的权力，部门之间为自己的部门利益及争取更多的权力而制定条例、政策和意见，即反映在"部门立法"行为上（杨帆，2010），企业不需要去游说立法机关，只需要对行政部门进行游说即可，行政部门的部门规章的制定过程受到企业政治关联性的影响。国有企业的与行政部门有千丝万缕的关系，管理者和行政官员是同事或者上下级关系，一些行政官员甚至未来有可能到国企任职，所以对国有企业的未来发展更为关注，相关行政部门在部门立法时就会考虑有利于自己部门和相关企业利益的条款。按照新古典经济学假设，国有企业作为企业应该实现利润最大化。然而，国有企业在实现利润最大化的过程中可以通过两种途径，一是像民营企业一样通过市场竞争来实现，二是利用天生的政治关联优势借助公权力获取有利于自己的法律法规和政策。对于国有企业来说，由于产权制度和治理结构的问题，使得国有企业更倾向于借助第二种手段，产权制度使得国有企业管理层找到与政策制定者和监管者进行政策讨价还价的借口，加上本身的政治关联优势，企业很容易将政治关联优势转换为企业的市场势力，比如获得市场垄断权，通过行政手段限制民营企业的进入。所以对于国有企业来说，两种手段，国企是强于借助政治关联而弱于市场竞争的。

与国有企业相比，民营企业具有更强的政治关联动机。在中国，相较于国有企业，民营企业所有者通常更加注重企业的政治关联问题，希望通过与政府的关系中获得一种通过法律或者正式制度无法获得的支持和保护（Xin and Pearce，1996）。民营企业与国有企业的政府关联不同，在所有制性质的不利条件下，民营企业没有政治优势，只能通过进行政治关联来弥补政治资源的缺失，如果企业具有政治关联属性，企业便会进一步加强这种政治关联并希望将其转换为政治优势，以期能够获取更多的政治资源，这些政治资源可以进一步转换为企业的竞争力。民营企业在建立之初，政治关联基本上处于空白状态，对环境规制的政策短期内只能是通过增加控制污染的投资来实现合规生产经营。事实上企业为了能够和政府建立良好的关系，必须要在政府面前树立良好的形象，而对环境规制政策的彻底执行是基础，企业往往会通过对污染控制的"过度"投资，把污染控制到规制机构的标准以上，而这"过度"的投资可视为企业为做到一个表现良好的"企业公民"而付出的"政治献金"，在政府面前树立良好的形象，得到政府的认可与支持。对于政府规制机构而言，因为和企业之间存在严重的信息不对称，对企业进行环境监督需要付出比较高的规制成本，而民营企业能够积极主动上缴排污费，加大对环境污染的投资，很容易获得政府的好感，进而就能够与政府建立一种关联，政府可以在其他方面对企业给予一些优惠和支持，企业获得的收益要大于企业为建立良好形象付出的"过度"投资额。所以企业的政治关联对环境规制效果是一种促进作用。蔡宏波、何佳俐（2019）通过对中国私营企业2008年和2010年的调查数据实证分析，发现私营企业的政治关联对企业的环保治污具有显著的正向影响，具有政治关联的企业环保投入也较高。政治关联对企业环境合规的努力作用机制为：政治关联促进企业的社会责任意识，企业社会责任意识的加强进一步促进了企业的环保投入。

当然，企业为建立政治关联而进行环保投入需要付出较高的成本，对于以盈利为目的民营企业来说，显然树立良好"企业公民"形象得到政府和民众的肯定不是企业进行政治关联的主要目标，企业还要从政治关联上获得相应的竞争优势和政策收益。由于市场的不确定性，企业为了保障自身利益，能够利用政治关联在市场环境发生变化的时候减少甚至规避对自身带来的冲击，企业与政府建立良好的关系可以获取稳定的资源，提升企业在市场中的生命力（张建君、张志学，2005；唐松、孙铮，2014）。2003年我国实行《排污费征收使用管理条例》，其中涉及了政府可以对部分企业进行政策性减免的优惠政策，例如第十五条规定，排污者因为不可抗力遭受重大经济损失的，可以申请减半缴纳排污费或免缴排污费。这种政府可以自行操作的政策资源是稀缺的，如果企业存在政治关联，进行寻租可以使得企业获得政府的优惠政策，降低企业的污染成本，使企业获得额外的收益，从而失去污染控制投入的激励，环保投入反而减少，但是这种行为会导致资源配置扭曲。

基于以上理论分析，本章提出以下几种研究假设：

假设 H4：在其他条件不变的情况下，政治关联对不同所有制企业环境规制效果具有调节作用。

假设 H5：在其他条件不变的条件下，政治关联对不同所有制企业在综合使用环境规制工具下环境规制效果具有负向的调节作用。

假设 H6：在其他条件不变的条件下，政治关联对不同所有制企业在命令控制性环境规制工具下环境规制效果具有负向的调节作用。

假设 H7：在其他条件不变的条件下，政治关联对不同所有制企业在市场激励性环境规制工具下环境规制效果具有负向的调节作用。

表 6 – 1   不同国家和地区政治关联和国有企业占比

	中国	中国香港	法国	德国	英国	日本	新加坡
政治关联（%）	27	1.84	3.66	1.97	8.40	1.29	7.44
国有企业（%）	60.43	1.40	5.11	6.30	0.08	0.80	23.50

资料来源：Li et al.（2015）。

第二节　研究设计

一、研究数据说明

本部分选取沪深两市中制造业 2011～2017 年 228 个上市公司作为样本。数据主要通过中国股票市场交易数据库国泰安数据库（CSMAR）、锐思数据库（RESSET）和万德数据库（WIND）等获取，另外，部分数据通过公司年报和企业相关网站的公开数据进行补充。考虑到数据的可得性，在 2007 年国家环境保护总局公布了《环境信息公开办法（试行）》，很少有上市公司主动公布环境信息，直到 2010 年《关于进一步严格上市环保核查管理制度加强上市公司环保核查后督察工作的通知》规定出台，要求上市公司要发布年度环境报告，披露环境信息的公司逐渐增加。考虑到 ST 和 PT 部分企业财务状况异常，交易所对其进行处理，这些企业的数据失去一般意义，还有部分企业数据中部分指标缺失和出现异常值等问题，本文对所收集数据进行了以下处理：第一，删除掉 ST*、SST* 的样本公司；第二，删除掉研究变量部分有年份数据缺失的样本企业。

本章上市公司数据来自国泰安（CSMAR）、锐思数据库（RESSET）和万德数据库（WIND），人均国民生产总值来自各年度《中国统计年鉴》，环境投资数据以及环境规制数据来自各年度《中国环境统计年鉴》和《中国环境年鉴》，由笔者整理计算获得，数据计算及实证检验过程用 Excel 2010 和 Stata 14.0 软件完成。

二、研究变量说明

本章使用的变量及定义如表 6-2 所示。

表 6-2　　　　　　　　　　变量定义一览表

变量符号	变量名称	变量描述
yeri	环保支出	上市公司环保支出本期金额
noeo	企业所有制性质	虚拟变量，国有企业赋值 1，民营企业赋值 0
poligl	政治关联	企业有董事长或总经理任人大代表或政协委员或曾经在政府机关任职，该企业赋值 1，否则赋值 0
er	环境规制	熵值法综合"三同时投资""行政处罚案件数""当年环境标准数""排污费"
per	命令控制性环境规制	熵值法综合"三同时投资""行政处罚案件数""当年环境标准数"
pwf	市场激励性环境规制	排污费解缴入库金额（单位：万元）

变量符号	变量名称	变量描述
riinv	工业污染治理投资	各地区工业污染治理投资完成情况（单位：万元）
tass	公司规模	公司资产总计（单位：亿元）
tca	流动资产合计	公司流动资产合计（单位：万元）
legdp	上市时长	(2017 年 12 月 31 日 – 公司上市起始时间)/365
netp	净利润	公司当年净利润（单位：万元）

（一）被解释变量

yeri（环保支出）本文采用上市公司环保支出本期金额作为代理变量来反映企业对环境规制的一种反应，体现出环境规制的效果。企业的环保支出属于企业在污染控制方面的主动行为，通过积极采取环保技术和安装环保设备减少污染物的排放，上市公司环保支出来源于上市公司企业社会责任中环境与可持续发展部分所报告内容，数据包含了企业的污染治理投入数据、企业运行管理、清洁生产、环保设施改造、环保技术改革创新投资等项目投入。

（二）解释变量

noeo（企业所有制性质），模型的主要解释变量是企业所有制性质，本章借鉴李文贵和余明桂（2012）、冯艳丽（2016）等做法，将数量极少的外资控股企业排除掉，把样本中选取的上市公司的所有制性质依据国泰安（CSMAR）金融数据库上市公司股权结构分为国有企业和民营企业，其中国有企业赋值为 1，民营企业赋值为 0。

有关环境规制的变量：er（环境规制），环境规制分为市场激励性环境规制、命令控制性环境规制和隐性环境规制，而各种规制工具又有不同的政策手段，政府规制机构根据环境规制目标采取不同的环境规制手段；本文将各种环境规制手段进行综合，通过熵值法将其换算为一个指标作为环境规制的代理变量；pwf（市场激励性环境规制），本章用各省市排污费解缴入库户金额来衡量市场激励性环境规制；per（命令控制性环境规制），用"三同时投资""行政处罚案件数""当年环境标准数"通过熵权法换算得出，具体算法见第五章。

（三）调节变量

根据研究设计将 poligl（政治关联）作为调节变量。目前，学者们对于政治关联的度量尚没有达成一致，不同学者依据政治关联的实质，从不同的角度来测度企业采用各种方式与政府及政府官员建立的这种隐性的政企关系。法西奥（Faccio，2006）、范、王和张（Fan，Wong and Zhang，2007）以企业高管人员（董事或者大股东）是否曾经在国会或者州政府任政府官员或议会议员作为标准衡量企业的政治关联。阿迪卡里等（Adhikari et al.，2006）把国有企业中国有股份所占的比例作为企业政治关联的衡量测度标准。有学者将企业董事长或者总经理"曾经或现在"和"中央或地方"政府任职来进行分类度量企业的政治关联（吴文锋、吴冲锋、刘晓薇，2008）。罗党论、唐清泉（2009）按照董事会中有政治背景的董事所占比例来衡量企业政治关联的强度，如果董事会中董事具有政治背景的人数超过两个，即将政治关联强度这个虚拟变量定义为 1，"否"则定义为 0。李等（Li et al.，2011）发现企业要和政府官员建立关系的途径主要是企业管理者成为政府机构中的人大和政协委员，或者是企业聘用曾经在政府机构任职的官员与政府形成一种政治关联。

本章借鉴陈爽英等（2011）、陈等（Chen et al.，2011）、罗明新（2014）、蔡宏波和何佳俐（2019）的做法，以企业董事长或者总经理担任人大代表或政协委员或曾经在政府机关任职来度量政治关联，如果企业董事长或总经理具有上述特征，则将其赋值为 1，如果不具有上述特征，则赋值为 0。

（四）控制变量

控制变量分别是 lntca（流动资产合计）、各省 lnriinv（工业污染治理投资）、lnlegdp（公司上市时长）、lntass（企业规模）和 lnnetp（公司净利润），具体说明见第五章，此处不作赘述。

三、模型设定

为比较企业有无政治关联对不同所有制企业环境规制效果的调节效应，在第五章模型的基础上，加入政治关联以及政治关联、企业所有制性质与不同环境规制工具的交互项，模型如下：

$$lnyeri_{it} = \alpha + \beta_i noeo + \delta_i ER_{type} + \gamma_i poligl + \eta_i noeo \times ER_{type} + \varsigma_i noeo \times poligi$$
$$+ \xi_i poligi \times ER_{type} + \varphi_i noeo \times poligl \times ER_{type} + \sum controls + \varepsilon_{it}$$

其中，下标 i 表示的是样本上市公司，t 表示的时间，即 2011 - 2017 年，ε_{it} 是随机扰动项，用来衡量随机的干扰因素，被解释变量环境规制执行指数 $lnyeri_{it}$ 衡量了环境规制下企业的执行情况，noeo 表示企业的所有制性质，分为国有企业和民营企业，如果所有制性质为国有企业则赋值为 1，如果为民营企业则赋值为 0，ER_{type} 表示环境规制类型，本章设置为三类，分别是不加区分综合的 lner（环境规制）、lnper（命令控制性环境规制）和 lnpwf（市场激励性环境规制），$\sum controls$ 为地区和公司层面的控制变量，分别是 lntca（流动资产合计）、各省 lnriinv（工业污染治理投资）、lnlegdp（公司上市时长）、lntass（企业规模）和 lnnetp（公司净利润）。

第三节 实证分析

一、描述性统计

表 6 - 3 是对变量的描述性统计。其中，被解释变量 yeri（环保支出）均值为 8.007，标准差为 1.797，标准差远小于均值，说明被解释

变量几乎不存在异常值的可能性。企业所有制性质的均值为 0.627，说明样本中国有企业的数量占比比较大。本文采用的数据样本量为 1397，在这些样本中，符合变量定义中政治关联标准的企业比例约为 30.2%，与表 6-1 中李等（2015）研究的中国企业政治关联比例比较接近，这也与唐松、孙铮通过将国有企业和民营企业分组进行统计的结论一致[①]，说明我国企业政治关联现象比较普遍。

表 6-3　　　　　　　　　　　描述性统计

Variable	Obs	Mean	Std. Dev.	Min	Max
lnyeri	1592	8.007	1.797	0	13.076
noeo	1596	0.627	0.484	0	1
noeopoligl	1596	0.163	0.369	0	1
poligl	1596	0.302	0.459	0	1
noeolnpwfp ~ l	1596	1.795	4.085	0	12.446
lnpwfpoligl	1596	3.382	5.161	0	12.446
lnpwf	1596	11.118	0.83	7.955	12.446
noeolnpwf	1596	6.888	5.357	0	12.446
lnlegdp	1596	2.666	0.427	1.686	3.299
lnriinv	1596	3.321	2.877	0.109	14.165
lntass	1596	8.712	1.265	4.475	13.264
lntca	1596	7.842	1.258	3.487	12.577
lnnetp	1397	4.945	1.595	-0.975	10.275

二、相关性分析

表 6-4 报告了被解释变量和其他变量的 Pearson 相关性分析结果，

[①]　唐松、孙铮：《政治关联、高管薪酬与企业未来经营绩效》，载《管理世界》2014 年第 5 期。

其中被解释变量 yeri（环保支出）和解释变量企业所有制性质显著的正向关系，但是与调节变量时间是负向相关关系，从相关系数来看，基本上都在 0.5 以下，大于 0.5 的是变量和变量的交互项之间的相关系数，为避免出现共线性问题，利用 Stata 对变量进行去中心化处理。根据 Pearson 相关性分析初步判断模型的估计结果是可信的。

表 6 - 4　　　　　　　　变量的 Pearson 相关性分析

变量	lnyeri	noeo	noeopo ~ l	poligl	noeoln. .	lnperp ~ l	lnper
lnyeri	1						
noeo	0. 219 ***	1					
noeopoligl	0. 067 ***	0. 340 ***	1				
poligl	− 0. 0230 *	− 0. 119 ***	0. 671 ***	1			
noeolnperp ~ l	0. 0260 **	0. 187 ***	0. 550 ***	0. 369 ***	1		
lnperpoligl	− 0. 0100 *	− 0. 128 ***	0. 307 ***	0. 574 ***	0. 673 ***	1	
lnper	0. 0180	− 0. 139 ***	− 0. 0240	0. 045 *	0. 338 ***	0. 493 ***	1
noeolnper	0. 164 ***	0. 406 ***	0. 166 ***	− 0. 0260	0. 515 ***	0. 265 ***	0. 635 *
lnlegdp	0. 115 ***	0. 514	0. 131 ***	− 0. 167 *	0. 070 ***	− 0. 143 ***	− 0. 139 ***
lnriinv	0. 0190	− 0. 242 ***	− 0. 094 ***	0. 062	− 0. 0210	0. 153 ***	0. 287 ***
lntass	0. 648 ***	0. 331 ***	0. 130 ***	− 0. 0350	0. 098 ***	− 0. 00900	0. 089 ***
lntca	0. 568	0. 266 ***	0. 108 ***	− 0. 0310	0. 073 ***	− 0. 0130	0. 084 ***
lnnetp	0. 499 ***	0. 104 ***	0. 063 **	0	0. 0140	− 0. 0130	0. 053 **

变量	noeo ~ per	lnlegdp	lnriinv	lntass	lntca	lnnetp
noeolnper	1					
lnlegdp	0. 184 ***	1				
lnriinv	0. 0280	− 0. 199 ***	1			
lntass	0. 282 ***	0. 262 ***	− 0. 044 *	1		
lntca	0. 244 ***	0. 223 ***	− 0. 0360	0. 327 ***	1	
lnnetp	0. 120 ***	0. 053 **	− 0. 00500	0. 237 ***	0. 616 ***	1

注：*** 表示双侧检验值在 1% 置信水平上统计显著，** 表示在 5% 的置信水平上显著，* 表示在 10% 的置信水平上显著。

三、回归结果分析

表 6 - 5 汇报了政治关联调节效应的回归结果，由于数据中的解释变量 noeo（企业所有制性质）和调节变量 poligl（政治关联）都是虚拟变量，不随时间的变化而改变，本文采用虚拟变量最小二乘法（固定效应 LSDV）进行回归。模型中加入了企业所有制性质、政治关联和变量描述中的环境规制工具。表中三列的三个变量的交互项都是显著的，说明政治关联对不同所有制企业环境规制效果具有显著的调节效应，验证了研究假设 H4：在其他条件不变的情况下，政治关联对不同所有制企业环境规制效果具有调节效应。

表 6 - 5 　　　　　　　　政治关联调节效应回归结果

变量	(1) model 61	(2) model 62	(3) model 63
noeo	11. 70 *** (2. 331)	12. 31 *** (2. 234)	- 7. 574 * (5. 365)
noeopoligl	0. 477 ** (0. 220)	0. 282 * (0. 186)	6. 303 *** (2. 268)
poligl	- 0. 344 * (0. 198)	- 0. 207 (0. 164)	- 3. 045 * (1. 950)
noeolnerpoligl	- 1. 042 *** (0. 370)		
lnerpoligl	0. 653 ** (0. 295)		
lner	- 0. 249 (0. 240)		
noeolner	0. 571 * (0. 297)		
noeolnperpoligl		- 0. 699 ** (0. 288)	

续表

变量	（1） model 61	（2） model 62	（3） model 63
lnperpoligl		0.440 * (0.228)	
lnper		−0.183 (0.174)	
noeolnper		0.429 * (0.237)	
noeolnpwfpoligl			−0.560 *** (0.202)
lnpwfpoligl			0.265 * (0.173)
lnpwf			−0.578 *** (0.187)
noeolnpwf			1.007 *** (0.237)
lnlegdp	6.622 ** (2.604)	7.238 *** (2.497)	−2.327 (4.029)
lnriinv	−6.57e−08 (0.000000150)	−5.93e−08 (0.000000149)	−7.21e−08 (0.000000148)
lntass	0.590 *** (0.141)	0.595 *** (0.141)	0.568 *** (0.138)
lntca	−0.103 (0.115)	−0.107 (0.115)	−0.0817 (0.114)
lnnetp	0.0655 ** (0.0264)	0.0658 ** (0.0265)	0.0745 *** (0.0258)
_cons	−22.29 ** (8.873)	−24.37 *** (8.537)	13.63 (13.59)
N	1393	1393	1393
R^2	0.872	0.872	0.875

注：Standard errors in parentheses，* $p < 0.1$，** $p < 0.05$，*** $p < 0.01$。

　　列1（model 61）中加入的是企业所有制性质、政治关联和综合的环境规制工具的交互项，这个交互项的系数为 -1.042，被解释变量环保支出和解释变量综合使用的环境规制工具之间具有负向的相关关系，且在1%的置信水平上显著，验证了研究假设 H5：在其他条件不变的条件下，政治关联对不同所有制企业在综合使用环境规制工具下环境规制效果具有负向的调节作用。此时企业所有制性质如果 noeo = 1，也即企业国有制性质为国有企业时，具有政治关联的企业（poligl = 1），综合的环境规制工具的系数为 -1.042 + 0.653 - 0.249 + 0.571 = -0.061，如果 noeo = 0，也即企业国有制性质为民营企业时、存在政治关联时，综合的环境规制工具的系数为 0.653 - 0.249 = 0.404，被解释变量环保支出和解释变量综合使用的环境规制工具之间具有正向的相关关系，所以，在加入调节变量之后，企业的政治关联对环境规制效果的影响也因为企业所有权性质的不同而不同，政治关联使得国有企业的环境规制效果下降，而使得民营企业的环境规制效果上升。列2（model 62）中加入的是企业所有制性质、政治关联和命令控制型环境规制的交互项，这个交互项的系数为 -0.699，被解释变量环保支出和解释变量命令控制型环境规制工具之间具有负向的相关关系，且在5%的置信水平上显著，验证了研究假设 H6：在其他条件不变的条件下，政治关联对不同所有制企业在命令控制型环境规制工具下环境规制效果具有负向的调节作用。此时企业所有制性质如果 noeo = 1，也即企业国有制性质为国有企业时，具有政治关联的企业（poligl = 1），命令控制型环境规制工具的系数为 -0.699 + 0.440 - 0.183 + 0.429 = -0.013，如果 noeo = 0，也即企业所有制性质为民营企业时、存在政治关联时，命令控制型环境规制的系数为 0.440 - 0.183 = 0.257，被解释变量环保支出和解释变量命令控制型环境规制之间具有正向的相关关系，所以，在加入调节变量之后，企业的政治关联对环境规制效果的影响也因为企业所有权性的不同而不同，政治关联使得国有企业的环境规制效果下降，民营企业的环境规制效果上升。列3（model 63）中加入的是企业所有制性质、政治关联和市场激励型环境规制的交互项，这个交互项的系数为 -0.56，被解释变量环保支出和解释变量市场激励型环境规制工具之间具有负向的相关关系，且在 1% 的置信水平上显著，验证了研究假设 H7：在其他条件不变的条件下，政治关联对不同所有制企业在市场激励型环境规制工具下环境规制效果具有负向的调节作用。此时企业所有制性质如果 noeo = 1，也即企业国有制性质为国有企业时，具有政治关联的企业 (poligl = 1)，命令控制型环境规制工具的系数为 -0.56 + 0.265 -0.578 + 1.007 = 0.134，如果 noeo = 0，也即企业国有制性质为民营企业时、存在政治关联时，市场激励型环境规制的系数为 0.265 - 0.578 = -0.313，被解释变量环保支出和解释变量市场激励型环境规制之间具有负向的相关关系，所以在加入调节变量之后，企业的政治关联对环境规制效果的影响也因为企业所有权性的不同而不同，政治关联使得国有企业的市场激励型环境规制效果上升，而使得民营企业的环境规制效果下降。

对于模型中的控制变量，除 lntca（流动资产合计）和各省 lnriinv（工业污染治理投资）显著性不好之外，其他变量公司 lnlegdp（上市时长）、lntass（企业规模）和 lnnetp（公司净利润）都具有良好的显著性。

第四节　稳健性检验

为进一步检验之前的理论假设，同时验证 LSDV 法回归结果的稳健性，本章对模型进行以下稳健性检验分析。首先，对样本进行调整，之前的计量回归分析中用沪深两市上市公司为 2011 ~ 2017 年近 200 家公司数据，通过描述性统计发现，样本中大部分为国有企业，占据 62.7% 之多，超过样本总数的 50%，为更好地对国有企业和民营企业之间的环境规制效果进行比较，本章在接下来的稳健性检验中将对样本中企业个体进行控制。其次，对计量分析方法进行调整，在使用固定效

应最小二乘虚拟变量法（LSDV）对模型进行估计的基础上。加入对
year（时间）的控制。最后，被解释变量做调整，在前面进行 LSDV 法
回归时原模型的被解释变量是用 yeri（企业环保支出），在稳健性检验
中将用"环境规制执行指数＝上市公司环保支出/公司营业总收入"作
为被解释变量来反映企业环境规制效果。

如表 6－6 所示，在对模型控制时间效应之后，企业所有制性质、
政治关联和变量描述中的环境规制工具的交互项回归结果和之前 LS-
DV 法结果在显著性和系数符号一致，进一步表明企业政治关联对不
同所有制企业环境规制效果具有调节效应，研究假设也得以进一步验
证。控制变量对被解释变量的影响和之前的结果也基本一致，所以研
究假设得以进一步验证，也证明了之前的 LSDV 法回归结果可信且
稳健。

表 6－6　　　　　　　政治关联调节效应稳健性检验回归结果

变量	（1） model 611	（2） model 621	（3） model 631
noeo	12. 08 *** （3. 168）	12. 57 *** （3. 213）	－ 7. 387 * （4. 338）
noeopoligl	0. 450 ** （0. 201）	0. 268 * （0. 168）	6. 024 *** （1. 869）
poligl	－ 0. 341 ** （0. 161）	－ 0. 213 * （0. 134）	－ 2. 824 * （1. 525）
noeolnerpoligl	－ 0. 989 *** （0. 349）		
lnerpoligl	0. 608 ** （0. 242）		
lner	－ 0. 199 （0. 168）		

续表

变量	（1） model 611	（2） model 621	（3） model 631
noeolner	0. 562 ** （0. 228）		
noeolnperpoligl		− 0. 667 ** （0. 267）	
lnperpoligl		0. 414 ** （0. 191）	
lnper		− 0. 166 * （0. 127）	
Noeolnper		0. 417 ** （0. 170）	
noeolnpwfpoligl			− 0. 536 *** （0. 166）
lnpwfpoligl			0. 244 * （0. 134）
lnpwf			− 0. 554 *** （0. 167）
noeolnpwf			0. 995 *** （0. 185）
lnlegdp	7. 176 ** （3. 402）	7. 646 ** （3. 455）	− 2. 148 （3. 704）
lnriinv	− 0. 0137 （0. 0173）	− 0. 0129 （0. 0173）	− 0. 0152 （0. 0171）
lntass	0. 600 *** （0. 104）	0. 602 *** （0. 104）	0. 577 *** （0. 103）
lntca	− 0. 0845 （0. 0921）	− 0. 0896 （0. 0920）	− 0. 0663 （0. 0911）

续表

变量	（1） model 611	（2） model 621	（3） model 631
lnnetp	0.0712 *** （0.0228）	0.0709 *** （0.0228）	0.0794 *** （0.0225）
_cons	- 28.97 ** （11.33）	- 30.53 *** （11.50）	7.979 （12.42）
N	1393	1393	1393
R^2	0.872	0.872	0.875

注：Standard errors in parentheses，＊表示 $p < 0.1$，＊＊表示 $p < 0.05$，＊＊＊表示 $p < 0.01$。

第五节　本章小结

本章在第六章的基础上进一步探讨了政治关联对不同所有制企业环境规制效果的调节效应以及作用机制。验证了企业所有制对环境规制效果的影响是否受到企业政治关联的影响，通过理论分析和实证分析说明将企业政治关联作为调节变量来研究本章主题的必要性。

本章的研究有以下发现：（1）企业所有制性质影响环境规制的效果，而企业政治关联会对这一影响产生调节效应；（2）在企业具有政治关联性的情况下，国有企业的环境规制效果和民营企业表现不一样，对于命令控制型环境规制政策，国有企业的规制效果是下降而民营企业的规制效果上升；而对于市场激励型环境规制政策，国有企业规制效果上升而民营企业规制效果下降。

以上发现和部分学者的观点并不一致，比如有学者研究发现政治关联对民营企业环保治污既具有正向的影响也具有抑制作用。企业的政治关联越高时，会导致企业具有较强的寻租动机，从而负向抑制企业的环保投入。政治关联程度的高低对企业环保投入的作用是存在差异的，当政治关联度较低时，更多表现为企业的社会责任意识，对企业环境治污具有促进作用，而当政治关联度进一步提高到一定程度时，更多表现为企业的寻租动机，从而对企业环境治污起到抑制作用（蔡宏波、何佳俐，2019）。本章认为企业的政治关联对企业环境规制效果的影响受到政治关联强度、地区经济发展以及企业政治关联阶段等因素的影响。政治关联强度较低时，企业没有建立起充分稳定良好的形象，企业会进一步增加对环境保护的投资，积极主动缴纳权责相等原则的排污费，以维持稳定建立起来的与政府之间的关系，随着企业政治关联程度的增强，企业和政府之间的关系日益紧密便容易出现政企合谋，尤其是经济发展欠发达地区，企业承担政府财政收入以及当地经济发展、民众就业等责任，地方政府以及规制机构便可能放松对企业的规制或者给予企业更多的政策和费率优惠，所以将表现为企业环保支出的下降。

第七章

研究结论及政策建议

第一节 研究结论

本书通过对关于企业所有制性质对环境规制效果影响的现有文献的系统梳理，针对该方向研究的不足，结合企业所有制性质和政府环境规制理论，聚焦于国有企业和民营企业通过规制部门实施的命令控制型环境规制工具和市场激励型环境规制工具影响环境规制效果以及企业政治关联对企业所有制和环境规制效果之间关系的影响。首先，通过构建政府环境规制理论框架，分析政府环境规制中政府与企业之间存在的委托－代理关系，在此基础上分别对政府环境规制与国有企业之间的博弈和政府环境规制和民营企业之间的博弈进行分析。其次，对企业传统生产函数进行改造，加入环境资源作为其中一种生产要素，并将企业产生的污染作为一种"非期望"产出，而政府环境规制的目标就是企业这部分的非期望产出，国有企业和民营企业由于所有制性质不同，具体的生产函数难以知道，所以在不知道具体生产函数的情况下通过投入和产出比较环境规制的效率，借助于三阶段 DEA 模型对 2011～2017 年沪深 100 家上市公司数据进行效率分析，在分析的基础上针对不同所有制性质企业的环境规制效果进行评价。再次，基于 2011～2017 年沪深上市公司面板数据运用 Stata 软件对企业所有制性质对环境规制效果的影响进行实证分析，结合理论分析对提出的假设进行验证。最后，政治关联对所有制性质影响环境规制效果的调节效应进行研究。

通过以上研究得出以下结论：

第一，国有企业和民营企业与政府环境规制机构的行为博弈属于不同类型，会导致国有企业和民营企业在面临环境规制的硬约束时表现出差异性的行为决策。国有企业的所有制性质、在市场中所处的垄断地位、所面临的软预算约束以及政府对国有企业领导人的晋升考核机制使得国有企业相对于民营企业而言有更多信息可以被环境规制机构所了解。国有企业和规制机构之间能够形成一个比较有约束力的协议，国有企业遵守环境规制政策使企业领导人个人利益和集体利益能够实现一致，所以国有企业和环境规制机构之间接近完全信息的协调博弈。通过博弈分析，能够发现对政府实施环境规制能够使得国有企业减少污染排放量。在对国有企业的激励性分析过程中，假设国有企业经营者是风险规避的，其面临的遵守环境规制和实现企业经济绩效是均衡的，结果发现，对国有企业遵守环境规制的努力具有独立价值时，对企业经济效益的激励才是有价值的。而民营企业与环境规制机构之间的博弈表现为非合作博弈，规制机构所代表的公众目标是社会福利的最大化，而企业追求的目标是利润最大化，企业也存在利用信息优势采取策略行动影响规制机构行为的激励。通过静态博弈分析，发现规制者可以通过机制设计，促使企业显示出真实的信息，而在动态博弈中，企业可以传递错误信号，降低环境规制的有效性。

第二，本文通过运用三阶段 DEA 对 2015～2017 年 100 家上市公司环境规制效率的测算，并对所选取的样本企业按照所有制性质分为国有企业和民营企业两类进行对比。结果表明，我国企业的环境规制效率普遍较低，尤其是环境规制的综合技术效率和规模效率。市场化指数、人均地区生产总值和各地区工业污染投资对企业环境规制效率有显著影响，尤其是对环境规制的纯技术效率影响较大，企业的环境规制纯技术效率是逐年提高的，很多企业已经达到了效率前沿面，而没有达到的企业的效率也几乎都在 0.9 以上。国有企业的平均纯技术效率比民营企业要略高一些，但是差距很小，这说明环境规制投入在目前的技术水平上是比较有效的。由于 DEA 分析进行的测算是相对有效，所以如果技术水平比较接近，也会出现纯技术效率比较接近的情况，比如纯技术效率为 1 的部分企业，仅仅代表这些企业在样本企业中的效率是相对高效率的。环境规制的综合技术效率不高，无论是国有企业还是民营企业都比较低，同时规模效率也比较低，可见，在剔除环境因素后，正是由于规模效率的低下导致综合效率难以提升，所以环境规制效率低主要是受规模效率水平低下的制约，而要提升环境规制效率重点是如何更好地提高规模效率。

第三，本文通过企业社会责任、企业功能和目标、企业内部治理、企业管理者行为、被规制企业从被规制到实现合规的时间几个角度来分析国有企业和民营企业在面临环境规制时的不同行为，党对国有企业的领导是国有企业能够实现合规的独特优势，分析发现国有企业更加偏好命令控制型环境规制工具，在遵守环境规制政策方面比民营企业做得好。本书又通过对国有企业和民营企业对异质性环境规制工具的影响分析，并采用沪深两市上市公司 2011～2017 年面板数据，运用 Stata 14.0 分析软件对多元动态模型进行回归分析。研究发现，国有企业和民营企业对不同的环境规制工具产生不同的效果，在相同环境规制条件下，与民营企业相比，国有企业能够使得综合使用的环境规制政策具有更好的效果；在相同环境规制条件下，与民营企业相比，国有企业能够使得命令控制型环境规制政策具有更好的效果。在相同环境规制条件下，与国有企业相比，民营企业能够使得市场激励型环境规制政策具有更好的效果。

第四，环境规制是属于政府的一项规制制度，政府作为规制政策的制定者和规制制度的供给者，政府规制机构在制定环境规制政策以及企业对环境规制的反应过程中，企业与政府之间的关系会对规制政策的制定以及政策实施的效果产生影响。企业所有制性质对环境规制效果影响的研究，需要考虑有关情境变量的调节作用，本书通过建立回归模型，运用虚拟变量最小二乘法（固定效应 LSDV）进行回归并进行稳健性检验发现：政治关联对国有企业和民营企业影响环境规制效果具有调节效应；政治关联对不同所有制企业在规制机构综合使用各种环境规制工具时企业所有制性质对环境规制效果影响具有负向的调节作用，此时加入调节变量之后，企业的政治关联对环境规制效果的影响也因为企业所有制性质的不同而不同，政治关联使得国有企业的环境规制效果下降，而使得民营企业的环境规制效果上升；政治关联对不同所有制企业在规制机构使用命令控制型环境规制工具时企业所有制性质对环境规制效果影响具有负向的调节作用，在加入调节变量之后，企业的政治关联对环境规制效果的影响也因为企业所有制性质的不同而不同，政治关联使得国有企业的环境规制效果下降，而使得民营企业的环境规制效果上升；政治关联对不同所有制企业在规制机构使用市场激励性环境规制工具时企业所有制性质对环境规制效果影响具有负向的调节作用，企业的政治关联对环境规制效果的影响因为企业所有制性质的不同而不同，政治关联使得国有企业的环境规制效果上升，而民营企业的环境规制效果下降。

第二节　政策建议

在党的十九大报告中，习近平总书记指出要"构建政府为主导、企业为主体、社会组织和公众共同参与的环境治理体系"。环境规制是政府提供的一种制度"产品"，以社会福利最大化为目标对企业行为进行干预。而要实现高效的环境规制绝不是政府的独立行为，影响政府环境规制的因素有很多。要提高政府环境规制效率并有效治理环境污染，是一个复杂的系统工程，所以本部分内容将在前文研究结论的基础上，结合不同所有制性质及企业环境规制中出现的问题提出相应的对策建议。以期能够提高规制机构对国有企业和民营企业的规制效率，相关对策建议包含以下几个方面：

一、促使企业牢固树立生态意识和环保观念

企业要从观念上改变旧的生产经营方式，将习近平生态文明思想贯彻落实到企业生产和管理的各个环节。企业在生产经营过程中，需要将环境资源作为生产要素投入的一部分，然而环境保护和环境资源的使用如何才能达到一种均衡；我们如何才能使得企业能够在适度的范围内使用环境资源，这是环境政策需要回答的两个基本问题。中国工业企业在现实生产中存在"可持续发展"和"以污染换增长"两种模式，而且"可持续发展"模式具备可能性，比"以污染换增长"具有更高的销售增长率，所以企业应该积极采用"可持续发展"的模式进行生产（张艳磊、秦芳、吴昱，2015）。

习近平生态文明思想是关于新时代中国生态文明建设的一整套逻辑清晰、结构完整的理论体系，精确系统阐述了我国生态环保事业一系列重大问题，是实现"美丽中国"目标、坚持可持续发展、保障人民绿色福祉、保护生态环境的行动指南。其包含三大基本理念：绿水青山就是金山银山理念，尊重自然、顺应自然、保护自然理念，绿色发展、循环发展、低碳发展理念。企业要充分认识"绿水青山"和"金山银山"① 之间的辩证关系，虽然环境资源具有产权难以界定的公共物品性质，但是如果片面追求经济利益，对环境资源无节制地开发利用，会导致环境破坏甚至殃及人类自身的生存。所以在企业进行物质产品生产时要守望好"绿水青山"，只有采取绿色的生产方式才是企业永续发展的保障，改变传统的生产运营绩效评价观念，不再以单独的经济绩效作为唯一目标或者首要目标，而应该将企业的环境绩效提升到应有的高度。对于国有企业而言，国有企业在国民经济中处于主导地位，基本掌控了我国经济社会生产发展的基础性资源，相比民营企业拥有很多优势，而

---

① 姚修杰：《习近平生态文明思想的理论内涵与时代价值》，载《理论探讨》2020 年第2 期。

这些优势并不完全是通过市场竞争而获得的，有不少是国家行政权力赋予的，所以国有企业在为国家创造巨额经济财富的同时，时刻都要清晰认识到自己的国有性质，在生态绿色生产领域起到引领作用。要积极开展生产技术的研究和创新，在国家做强做大国有企业的战略下，国有企业的盈利能力比较强，拥有充足的资金用于技术创新和研发，据财政部资产管理司发布的 2019 年 1～11 月全国国有及国有控股企业经济运行情况显示，国有企业实现营业总收入 557455.3 亿元，同比增长 6.4%，国有企业实现利润总额 31981.0 亿元，同比增长 5.3%。① 而且不少国有企业在所在的行业处于垄断地位，其自身所使用的生产设备技术水平就代表整个行业的技术水平。有不少国有企业本身拥有研发机构，拥有人才优势，所以国有企业要进行环境技术的研究和创新。国有企业要发挥党组织的领导作用。党的领导是国有企业相比其他企业拥有的绝对优势，国有企业要严格实施《中国共产党国有企业基层组织工作条例（试行）》，把党建优势变成国有企业执行党的政策、贯彻习近平生态文明思想的优势，为国有企业实现高质量发展提供政治保障。国有企业应该深入学习习近平生态文明思想，紧抓"不忘初心、牢记使命"主题教育，用习近平生态文明思想武装头脑。要按照三大基本理念要求，结合企业自身实际，自查清理、修订规范企业的公司章程，完善国有企业机构设置，为企业能够实现新的生产方式提供可行的运行机制和监督机制。

对于民营企业来说，由于多数企业规模较小，受资金和技术的限制，短期内对环境治理主动性不强，但是如果从长期来看，一样有足够的动力和激励促使其改变传统的生产方式。来自政府规制机构的规制压力，来自稀缺环境资源的约束，来自市场中同类型企业的竞争，来自消费者对绿色产品的需求，来自公众对企业污染行为的监督，所以民营企业也要树立生态环保观念，用习近平生态文明思想来指导企业的生产经

① 国务院国有资产监督管理委员会：《2019 年 1～11 月全国国有及国有控股企业经济运行状况》，财政部网站。

营活动。政府要针对民营企业加强宣传和教育力度，特别是要向企业管理者传达促进环境资源可持续利用的生态发展理念，使企业管理者认识到无论是短期还是长期环境保护都事关人类生存质量和企业的发展。短期内，企业面临着激烈的市场竞争、日益严重的污染问题，只有进行环保节约生产方式才能提高自身的竞争力。长期而言，企业可以为自己树立良好的形象，在政府规制部门争取良好的环保信誉，在消费者群体中获取更大规模的市场份额，给企业带来更为丰厚的长期效益。

二、促进我国政府环境规制模式优化

党的十九大报告中提出环境治理体系的构建要以政府为主导。我国虽然在经济总量上取得了举世瞩目的成就，但是我国的社会主义初级阶段的基本国情没有发生变化，人们总体上还是以追求物质产品为主，自然环境问题虽然也日益受到重视，但是对于发展比较落后的地区还有地方政府对经济目标的侧重，导致现实中对污染企业的规制强度依然较低，对企业污染约束力有待加强，而且有一些环境污染所带来的危害，需要经过比较长的时间才能够被人们认识到，一般情况下，公众是在遭受污染侵害之后才会对污染作出反应，所以要发挥政府在环境规制中的主导作用。政府要深化改革，积极构建环境管理的最优模式，提升自身的环境规制能力。

第一，政府要提高环境意识，通过组织领导干部对环境保护法律进行学习和培训，形成良好的环境执法氛围，同时深入贯彻习近平生态环保思想，充分认识环境保护的重要性，增强环境忧患意识和做好环境保护的责任意识，在思想上为环境规制提供保障，有助于领导干部对自身工作政绩的认识。

第二，要对影响环境规制效果的体制问题进行改革，通过体制改革提高政府环境规制的积极性，中国对政府官员的考核体制并不完善，主要是以经济增长为主，而对环境责任的考核没有得到应有的重视。导致各级政府侧重于片面追求经济增长而忽略环境，更有甚者会不惜牺牲环境来发展经济，需要进行行政管理体制改革，将环境绩效作为重要的部分纳入官员的考核体系中，实行环境质量定期考核制和领导干部离任或者退休环境审核制度，如果环境审核不达标，不得升迁或者影响其退休待遇，对环境绩效比较好的地区，由政府给予一定的环境补贴，弥补地方财政短缺问题。

第三，要切实保障政府环境规制机构的独立性。我国的环境管理体制中环境规制机构在横向上和地方政府有联系，有时污染问题需要多部门协作才能解决，缺乏独立性，所以会导致环境规制机构受到地方政府的牵制影响，比如对地方财政收入具有很大贡献和促进地方就业的企业，政府会影响规制部门而弱化对其进行规制，多部门的权力不清、责任不明也会带来推诿现象。所以要明确界定环境部门和其他部门的职责权限，增强规制机构的独立性。要通过健全环境保护法律来明确一般行政部门和环境规制部门的不同，在法律上保证规制部门的独立性。另外，环境污染问题通常具有跨区域问题，所以还要建立跨区域的环境规制协调机构，用于进行跨区域环境规制的调解和跨区域的生态环境补偿问题。

第四，提升环境规制机构的行政级别，国有企业拥有的政治资源给企业带来巨大的影响力，民营企业也会基于政治关联对政府产生影响，地方政府和环境规制机构的行政等级差异会影响到环境规制的效果。当环境规制机构具有较高的行政级别时，所实施的环境规制政策就会有更高的政治权威，国有企业就会服从于环保规制体系的监督，地方政府对环境规制行为的干扰也将会减少。

第五，加强对环境规制机构的监督。一是环境保护机构自身的内部监督，要在规制机构内部建立推行执法责任制，明确执法尺度和工作程序并进行考核。二是加强对环境规制机构行政行为的司法监督，以促进环境规制机构严格按照环境法律进行执法，如果环境规制机构有违法或者执法不当的行为，要通过司法审查对其行为进行变更或者撤销，可以有效保障被规制企业的权利，促使环境规制的公平，提升环境规制机构的责任心。

三、强化企业环境责任，健全企业环保信用制度

《辞海》中"责任"一词有两种含义：一是应该做的分内之事；二是未曾做好分内之事而要承担其后果。企业在从事生产活动为社会创造产品的同时，也会对环境造污染。而在没有对企业进行环境规制之前，大多数企业在生产经营过程中片面追求经济效益，而忽视自身环境责任的履行。

国有企业要强化企业环境责任的履行。第一，国有企业要在企业文化建设中融入环境责任内容，重构全方位的企业文化，国有企业作为社会经济的重要组成部分，在国民经济中起主导作用，占据能源资源产业的绝大部分份额，在谋求自身发展时，也要注重自己所有制性质，考虑相关利益者的利益，考虑国家的发展战略，厘清企业和国家以及公众的利益关系，将增进社会福利作为发展的目标之一。第二，国有企业还要注重塑造自身的企业形象，走绿色可持续发展道路，提供绿色产品，既可以得到公众认可，也可以起到对消费者绿色生态环保消费观念的一种培养作用，对整个社会的生态环保观念形成起到积极作用。第三，要完善国有企业环境责任履行的评价制度，明晰分辨政府的环境责任和国有企业应该履行的环境责任，并出台相应的制度、政策加以明确规范，以避免国有企业在违背环境规制政策时进行责任推诿。对于民营企业环境责任的强化，首先要注重培养企业管理者的企业家精神。企业家是企业的直接管理者，其价值观念会对企业的经营产生重大影响，要健全对企业家的激励约束机制，增强企业家四个意识，树立五大发展理念和以人为本的绿色发展理念，推动企业发展模式转换，进行绿色技术创新，关注企业生产对生态环境的影响，实现企业的可持续发展。其次，可以从委托代理理论出发，民营企业追求的是企业经济利润最大化，而政府规制机构追求的是经济生态协调发展的社会福利最大化，政府可以通过环境补贴、税收激励或者企业贷款利率优惠等形式，鼓励企业进行环保技术的研究，激励企业

进行技术改造和生产工艺改进。

市场经济的一个突出特点是具有完备的信用体系，企业发生环境污染事件不仅仅是企业环境责任的缺失，也是企业环境诚信行为和环保信用缺失的表现，政府规制机构可以通过建立完善的环保诚信体系，弥补环保责任仅仅靠企业自觉履行的弊端，促使企业有效履行环境保护责任。党的十九大报告明确指出建立健全环境信用体系，并将其作为解决环境问题的重要抓手。国务院印发的《社会信用体系建设规划纲要（2014—2020）》就包含企业环境信用评价制度的建设内容。首先，加强环保信用立法，对现有的《环境保护法》《公司法》《证券法》《商业银行法》等进行修改，加入企业环境信用的条款，从企业银行授信、上市条件等多方面对企业进行约束。建立企业失信责任追求制度，对违法企业进行惩处。其次，由生态环境保护部门或者更高级别部门牵头建立全国统一的环境保护信用平台，实现企业信用状况的全国互联互通，为企业环保信用评价和失信惩罚提供来源。最后，完善企业环境保护信用评价指标体系的建设，环境保护部门已经出台有关环保信用评价的指标体系，但是存在诸多问题，需要进一步系统化科学化。对企业环保信用的评价要引入第三方参与，第三方机构要独立于政府部门，独立于企业，以确保评价结果的客观公正。对于环保信用的评价还要建立动态监管机制，对企业环保信用评级依据评价结果及时调整。

四、建立科学的环境规制政策工具体系

很多西方国家在工业化进程中都是采用"先污染后治理"的模式，但依据我国现实情况应制定符合我国实际的环境规制政策，完善环境规制政策体系。政府进行环境规制的原因在于市场对环境资源的配置难以实现帕累托最优，所以最开始政府介入解决环境污染这一市场失灵问题通常使用行政命令式的环境规制政策工具。一刀切的环境规制政策虽然具有及时性和较低的执行成本和监督成本的优势，但是却缺失灵活性，

加之企业因所有制性质、所处行业、企业规模、企业所处地域等因素都会影响命令控制性政策工具的有效性，所以要充分利用市场这一资源配置的有效方式，将市场激励性环境规制工具和命令控制性环境规制工具相结合，在尊重市场经济规律的基础上谨慎科学地将各种环境规制政策工具进行组合提高环境规制效率。

如本书结论，针对不同所有制性质企业对不同环境规制工具类型具有不同的选择偏好的特点，政府环境规制机构在使用环境规制政策工具时要结合国有企业和民营企业自身特点，有针对性地制定实施相应的规制政策。首先，应当对当前的环境规制政策工具体系进行优化。国有企业因其所有制性质、企业规模、天然的政治关联等因素影响，对于环境规制政策工具的偏好和民营企业不同，国有企业更加倾向于选择命令控制型环境规制工具，企业有足够的技术能力和财力支持企业进行技术改造以达到规制机构所要求的技术标准，但是对于国有企业技术标准制定的过程要防止企业自我制定较低的标准，保持规制机构的独立性和进行足够的社会监督。对国有企业的环境规制工具除了命令控制型工具之外还要通过向企业提供污染控制评估、可交易许可证、自愿环境协议等政策工具提高对国有企业的激励强度。对于民营企业而言，因其数量大规模小的特点，一刀切的技术标准式命令控制型环境规制会提高企业的经济成本，导致企业因无法达到合规要求被迫关停或企业铤而走险做出污染物偷排行为，加之信息不对称因素的影响，使得命令控制型环境规制政策工具的实施成本和企业合规成本都比较高，所以对民营企业实施环境规制政策工具要注重企业自身的能力，对其实施的命令控制型环境规制应以绩效标准为主，在企业进行生产过程中削减一定量的污染为目标，企业可以自主选择适合自身的技术设备。鉴于民营企业更倾向于选择市场激励型规制工具的特点，应该进一步健全激励型环境规制工具，使得排污权收费标准更加弹性化，推动排污权交易市场的完善，同时给予民营企业补贴、税收减免、技术扶持和对民营企业集中的工业园区进行集中治理等手段提升民营企业的治污能力。其次，由于国有企业的天然政治关联性以及民营企业积极追求政治关联的特点。政府应该保证环境规制机构的中立性以保证规制的公平性。要不断弱化国有企业的体制身份，提升规制机构出台政策的权威性。

五、完善公众参与环境保护机制

党的十九届四中全会公报提出："坚持和完善共建共治共享的社会治理制度，保持社会稳定、维护国家安全。社会治理是国家治理的重要方面。必须加强和创新社会治理，完善党委领导、政府负责、民主协商、社会协同、公众参与、法治保障、科技支撑的社会治理体系，建设人人有责、人人尽责、人人享有的社会治理共同体，确保人民安居乐业、社会安定有序，建设更高水平的平安中国。"[1] 环境规制是国家社会治理制度的一部分。随着经济的不断发展，中国公民文化水平不断提升，公民对健康生活和美好环境的追求日益强烈，将会有很多非正式的环境规制手段出现（傅京燕，2009；原毅军，2014；张胜利，2015）。1972 年的《斯德哥尔摩宣言》强调了公众参与环境事务的重要性，《世界自然宪章》《关于环境与发展的里约宣言》等国际公约都提及公众参与环境保护的问题。我国《环境保护法》第六条规定："一切单位和个人都有保护环境的义务，并有权对污染和破坏环境的单位和个人进行检举和控告。"

环境是与每个人都息息相关的公共资源，环境质量直接影响每个人的生存生活质量。环境保护是整个社会综合的系统工程，涉及生产、流通、消费的各个环节，公众的参与是环境规制政策能够有效实施和环境得以更好保护的必然要求。首先，政府要正视公众参与对环境保护的作用，环境治理以政府为主导，但是仅仅依靠政府难以实现治理目标，应该制定相应的公众参与保护环境的战略，了解并回应公众对生态环境的诉求，改进环境治理绩效。其次，经济发展水平会影响公众参与环境保护的积极性，在经济发展较落后地区，污染企业虽然会带来环境的破

---

[1] 十九届四中全会公报要点摘编，载《理论与当代》2019 年第 11 期。

坏，但是却会对当地经济发展、劳动力就业、提高收入等起到积极作用，所以要在促进经济发展的过程中加入公众参与的要素，国家通过补贴、技术引进等方式促进这些地区改变生产方式，实现可持续发展。最后，充分发挥公众的监督作用，受政府行政资源有限以及监督成本的约束，依靠规制机构对企业进行监管会力不从心，而且规制机构还存在被"规制俘获"的现象，所以要发挥公众的监督作用，包括对环境规制部门和企业的监督。

增强公民主人翁意识，树立生态环保理念。公众具有生态环保理念是公众可以有效参与对企业环境行为监督的基础和前提。2018 年 6 月 5 日，生态环境部联合中央文明办、教育部、共青团中央、全国妇联共同发布《公民生态环境行为规范（试行）》，共有 10 条内容，简称"公民十条"，分别是：关注生态环境、节约能源资源、践行绿色消费、选择低碳出行、分类投放垃圾、减少污染产生、呵护自然生态、参加环保实践、参与监督举报、共建美丽中国。"公民十条"的发布旨在强化公民生态环境意识，引导公民自觉践行绿水青山就是金山银山的理念，在全社会大力传播社会主义生态文明观，共同推动形成人与自然和谐发展现代化建设新格局。① 要充分认识优美的环境需要每一个人共同守护，企业排污行为是对自身利益的一种侵害。能够深刻意识到环境保护和自身的内在联系，激发内心的责任感。营造一种共建、共享、共治的社会氛围，让公众明确对企业污染进行监督既是一项权利也是一种义务，是生态环境主体意识的一种体现。政府相关部门、专家学者、环境保护组织应努力宣传和普及环境保护方面的知识和国家环境规制的相关政策，提升公众对环境保护问题的认知水平，了解环境问题的相关政策、制度和法律，端正公众环境保护态度，全社会积极行动起来履行环保责任。依托家庭教育和学校教育在个人实践方面培养公众的生态环境素养，提升公众参与生态环境保护的行为能力。比如，可以通过开展各种环境保护的活动，发放宣传画册等方式，还可以借助微博、微信公众号、短视频

---

① 五部门联合发布公民生态环境十条行为规范，载《环境教育》2018 年第 6 期。

等智能终端来传递相关知识。

解决企业的环境信息问题是公众参与环境治理监督的先决条件，完善的环境信息公开和披露机制是公众参与的基础，目前我国环境信息公开制度并不完善，比如，关于企业环境信息公开的相关法律规定比较笼统，没有具体的企业环境信息披露制度，使得公众难以了解企业的环境行为，亟待进一步完善。目前的《环境信息公开办法（试行）》对于企业环境信息公开采取的是鼓励的方式，要加快环境信息公开立法进程，制定专门的《企业环境信息公开法》，对企业环境信息公开扩展到强制性范围，保障公众的知情权和参与权。

从公众参与的全过程来看，目前大多是事后监管，而事前参与和过程参与却很少，公众参与的途径一般是通过举报、信访、微信等末端参与，应该建立与公众能够具有实质性良性互动的专门机构。另外，如果公众对政府规制机构的行为有异议时，应该提供救济途径，虽然现有的《环境保护法》有关于公众可以向上级机关和检察机关举报的规定，但是没有对受理机关的处理做明确的规定，因此需要在法律上进一步明确。

六、推进企业环境污染保险制度建设

政府可以建立环境污染保险制度，环境污染具有长期性、不确定性、不可逆转性等特点，所以企业对环境的污染会对环境造成一定的风险，比如可观测到的以及可以通过人类技术控制的污染，然而还有一些是现有规制体系难以观察到且难以完全消除的污染风险，比如企业污水存储过程中污染物泄露导致的地下水污染，会对环境造成重大损害，同时也会使得企业面临巨额的赔款，甚至于规模较小的民营企业根本就无力承担，所以建立环境污染保险制度是有必要的。

英国、美国、法国、德国等发达国家已经实行了环境责任保险制度，该制度可以有效分散排污企业环境风险、减少政府环境规制压力和保护第三人的环境利益。从 2013 年开始，我国就选择部分省市作为环境污染强制责任险的试点，2018 年 5 月 7 日，生态环境部审议并通过了《环境污染强制责任保险管理办法（草案）》明确规定了企业强制投保的范围和保险责任等内容。然而现实的情况是很多环境高风险企业并不愿意投保，有一些竟然是因为照顾"面子"而不得已进行投保（吕秀萍、刘金霞，2016）。

要改善企业投保环境保险的困境，需要对现有的环境责任保险进行进一步完善。首先，修改法律法规，给予《环境污染强制责任保险管理办法（草案）》法律效力。从环境污染责任保险的实现效果来看，如果不进行强制性投保，将难以实现该保险的目的（欧阳丹丹，2018）。我国的《环境保护法》对于环境污染责任保险的基调是鼓励，在第 52 条规定"国家鼓励投保环境污染责任保险"，而《环境污染强制责任保险管理办法（草案）》属于部门规章，对所明确规定的强制性投保企业不具强制保险的法律效力。所以应该对《环境保护法》进行修改，对环境污染进行原则性规定，由国家强制部分企业投保环境污染责任保险，鼓励其他企业投保环境污染责任保险。使得部门规章以及地方性法规能够具有合法性，完善环境污染强制责任保险制度。其次，政府加强对环境责任保险市场化的引导和监督。[①] 在环境污染保险的试点没有取得良好的效果，环境保险相关法律尚不完善阶段，需要政府对该保险的推广加以引导和监督，出台相应的规范性文件对企业进行激励和约束，提升环境高风险企业投保的积极性，通过政策手段，对积极投保的企业进行表彰、税收减免和给予信贷优惠等激励措施。建立环境污染责任保险信息平台，鼓励保险公司之间在信息平台上进行公平竞争，促进保险的市场化。由于不同所有制企业环境污染问题的复杂性（彭中遥，2018），政府可以引入环境污染保险的第三方参与对高污染企业和保险公司进行核算检查，保障企业和保险公司的利益。最后，企业应该加强自我风险管理，转变对环境责任保险的态度。随着政府对环境问题的日益重视，

---

① 吴琼、邵稚权：《我国环境污染强制责任保险的法律制度困境及完善路径》，载《南方金融》2020 年第 2 期。

涉及环境污染的法律体系日益完善，企业所面临的环境污染处罚力度也会日益增强，当企业发生环境污染事故时，将会使得企业面临严重惩罚，严重时可能危及企业的存续。所以企业要加强自我风险管理，改变对环境责任险的看法，积极投保，提升企业应对企业环境污染事故的防范和抵御能力。

参 考 文 献

［1］［美］艾伦·加特：《管制、放松与重新管制》，陈雨露等译，经济科学出版社 1999 年版。

［2］边燕杰、丘海雄：《企业的社会资本及其功效》，载《中国社会科学》2000 年第 2 期。

［3］蔡宏波、何佳俐：《政治关联与企业环保治污——来自中国私营企业调查的证据》，载《北京师范大学学报（社会科学版)》2019 年第 3 期。

［4］曹颖、张象枢、刘昕：《云南省环境绩效评估指标体系构建》，载《环境保护》2006 年第 2 期。

［5］常修泽：《建立完整的环境产权制度》，载《学习月刊》2007 年第 17 期。

［6］陈安国、高伶：《我国污染控制政策存在的问题与对策》，载《经济师》2002 年第 10 期。

［7］陈富良：《企业行为与政府规制》，经济管理出版社 2001 年版。

［8］陈富良：《中国政府规制体制：改革路径与目标模式》，载《改革》2001 年第 4 期。

［9］陈立泰、刘倩：《重庆上市公司企业社会责任发展状况评价》，载《特区经济》2011 年第 8 期。

［10］陈强：《高级计量经济学及 Stata 应用》，高等教育出版社 2014 年版。

［11］陈强：《计量经济学及 Stata 应用》，高等教育出版社 2015

年版。

[12] 陈诗一：《边际减排成本与中国环境税改革》，载《中国社会科学》2011 年第 3 期。

[13] 陈爽英、井润田、龙小宁等：《民营企业家社会关系资本对研发投资决策影响的实证研究》，载《管理世界》2010 年第 1 期。

[14] 陈钊：《信息与激励经济学》，格致出版社，上海人民出版社2010 年版。

[15] 戴锦：《国有企业的性质》，经济科学出版社 2016 年版。

[16] 戴锦：《国有企业政策工具属性研究》，载《经济学家》2013年第 8 期。

[17] 戴锦、和军：《国有企业责任辨析》，载《中国特色社会主义研究》2015 年第 3 期。

[18] [美] 丹尼尔·H. 科尔：《污染与财产权——环境保护的所有权制度比较研究》，严厚福、王社坤译，北京大学出版社 2009 年版。

[19] [美] 丹尼尔·F. 史普博：《管制与市场》，余晖等译，上海三联出版社，上海人民出版社 2003 年版。

[20] 邓晓红、徐中民、程怀文：《基于 DEA 模型的甘肃省经济运行和环境管理效率评价研究》，载《冰川冻土》2009 年第 3 期。

[21] 董秀海、胡颖廉、李万新：《中国环境治理效率的国际比较和历史分析——基于 DEA 模型的研究》，载《科学学研究》2008 年第6 期。

[22] 杜雯翠、牛海鹏、张平淡：《企业产权多元化对环境污染的门槛效应检验》，载《财贸经济》2017 年第 12 期。

[23] 范纯增、顾海英、姜虹：《城市工业大气污染治理效率研究：2000～2011》，载《生态经济》2015 年第 11 期。

[24] 冯雨、郭炳南：《基于主成分分析法的长江经济带环境绩效评估》，载《市场周刊》2019 年第 1 期。

[25] [德] 弗里德里希·恩格斯：《反杜林论》，吴亮平译，人民出版社 1974 年版。

[26] 耿强、杨蔚:《中国工业污染的区域差异及其影响因素——基于省级面板数据的 GMM 实证分析》,载《中国地质大学学报(社会科学版)》2010 年第 5 期。

[27] 郭四代、仝梦、郭杰、韩玥:《基于三阶段 DEA 模型的区域环境效率测度》,载《统计与决策》2018 年第 16 期。

[28] 郭妍、张立光:《环境规制对工业企业 R&D 投入影响的实证研究》,载《中国人口·资源与环境》2014 年 S3 期。

[29] 国务院国有资产监督管理委员会:《关于中央企业履行社会责任的指导意见》,载《国有资产管理》2008 年第 2 期。

[30] 韩超、张伟广、冯展斌:《环境规制如何"去"资源错配——基于中国首次约束性污染控制的分析》,载《中国工业经济》2017 年第 4 期。

[31] 韩国高:《环境规制能提升产能利用率吗?——基于中国制造业行业面板数据的经验研究》,载《财经研究》2017 年第 6 期。

[32] 韩强、曹洪军、宿洁:《我国工业领域环境保护投资效率实证研究》,载《经济管理》2009 年第 5 期。

[33] 何立胜、杨志强:《转型期的政府社会性规制变革研究》,中国法制出版社 2015 年版。

[34] 何其多:《单元环境产权模糊的经济学分析》,载《经济问题探索》2002 年第 3 期。

[35] 和军、季玉龙:《国企混合所有制改革红利与实现途径》,载《中国特色社会主义研究》2014 年第 5 期。

[36] 胡川:《企业产权制度创新对市场结构及绩效演进影响的研究》,载《数量经济技术经济研究》2008 年第 10 期。

[37] 胡旭阳:《民营企业家的政治身份与民营企业的融资便利——以浙江省民营百强企业为例》,载《管理世界》2006 年第 5 期。

[38] 胡旭阳、史晋川:《民营企业的政治资源与民营企业多元化投资——以中国民营企业 500 强为例》,载《中国工业经济》2008 年第 4 期。

［39］黄冬娅、杨大利：《市场转型中国有企业与环境监管中立性——以大型国有石油石化企业为例》，载《社会发展研究》2018 年第 3 期。

［40］黄金芳、孙杰：《现代企业组织激励理论新进展研究》，人民邮电出版社 2010 年版。

［41］黄寿峰：《环境规制、影子经济与雾霾污染——动态半参数分析》，载《经济学动态》2016 年第 11 期。

［42］［美］W. 基普·维斯库斯、小约瑟夫·E. 哈林顿、约翰·M. 弗农：《反垄断与管制经济学》，陈甬军、覃福晓等译，中国人民大学出版社 2010 年版。

［43］贾明、张喆：《高管的政治关联影响公司慈善行为吗?》，载《管理世界》2010 年第 4 期。

［44］蒋为：《环境规制是否影响了中国制造业企业研发创新?——基于微观数据的实证研究》，载《财经研究》2015 年第 2 期。

［45］蒋雯、王莉红、陈能汪等：《政府环境绩效评估中隐性绩效初探》，载《环境污染与防治》2009 年第 8 期。

［46］颉茂华、焦守滨：《不同所有权公司环境信息披露质量对比研究》，载《经济管理》2013 年第 11 期。

［47］雷辉、刘鹏：《中小企业高管团队特征对技术创新的影响——基于所有制性质视角》，载《中南财经政法大学学报》2013 年第 4 期。

［48］黎文靖：《所有权类型、政治寻租与公司社会责任报告：一个分析性框架》，载《会计研究》2012 年第 1 期。

［49］李冬琴：《环境政策工具组合、环境技术创新与绩效》，载《科学学研究》2018 年第 12 期。

［50］李后建、刘思亚：《银行信贷、所有制性质与企业创新》，载《科学学研究》2015 年第 7 期。

［51］李佳佳、罗能生：《所有制结构、市场化与区域环境污染——基于中国省际面板数据的实证检验》，载《南京财经大学学报》

2019 年第 4 期。

［52］李梦洁、杜威剑：《环境规制与就业的双重红利适用于中国现阶段吗？——基于省际面板数据的经验分析》，载《经济科学》2014 年第 4 期。

［53］李平、慕绣如：《波特假说的滞后性和最优环境规制强度分析——基于系统 GMM 及门槛效果的检验》，载《产业经济研究》2013 年第 4 期。

［54］李全伦：《企业性质新论：要素产权与企业产权之交易契约的履行过程》，载《中国工业经济》2006 年第 8 期。

［55］李树、陈刚：《环境管制与生产率增长——以 APPCL2000 的修订为例》，载《经济研究》2013 年第 1 期。

［56］李小平、李小克：《中国工业环境规制强度的行业差异及收敛性研究》，载《中国人口·资源与环境》2017 年第 10 期。

［57］李永友、沈坤荣：《我国污染控制政策的减排效果——基于省际工业污染数据的实证分析》，载《管理世界》2008 年第 7 期。

［58］林群慧：《乘势而生的政府环保绩效评估》，载《环境经济》2005 年第 7 期。

［59］刘丹鹤：《环境规制工具选择及政策启示》，载《北京理工大学学报（社会科学版）》2010 年第 2 期。

［60］刘慧龙、吴联生：《制度环境、所有制性质与企业实际税率》，载《管理世界》2014 年第 4 期。

［61］刘纪山：《基于 DEA 模型的中部六省环境治理效率评价》，载《生产力研究》2009 年第 17 期。

［62］刘现伟：《国有经济与民营经济融合发展研究》，经济管理出版社 2017 年版。

［63］龙小宁、万威：《环境规制、企业利润率与合规成本规模异质性》，载《中国工业经济》2017 年第 6 期。

［64］卢现祥、许晶：《企业所有权结构与区域工业污染——基于我国 2003～2009 年的省级面板数据研究》，载《中南财经政法大学学

报》2012年第1期。

[65] 陆旸：《环境规制影响了污染密集型商品的贸易比较优势吗?》，载《经济研究》2009年第4期。

[66] 罗明新：《企业高管政治关联影响技术创新的作用机理研究》，东北大学博士论文，2014年。

[67] ［美］马克·艾伦. 艾斯纳：《规制政治的转轨》，中国人民大学出版社2015年版。

[68] 马士国：《基于效率的环境产权分配》，载《经济学（季刊)》2008年第2期。

[69] 马小明、赵月炜：《环境管制政策的局限性与变革——自愿性环境政策的兴起》，载《中国人口·资源与环境》2005年第6期。

[70] 孟晋晋、刘花台：《基于主成分——聚类分析模型的生态环境脆弱性分析：以平潭综合实验区为例》，载《环境科学与技术》2014年第1期。

[71] 2018年《中国生态环境状况公报》（摘录一），载《环境保护》2019年第11期。

[72] 潘家华、杜亚平：《明确资源产权，优化环境管理》，载《科技导报》1995年第7期。

[73] 潘霖：《中国企业环境行为及其驱动机制研究》，华中师范大学博士论文，2011年。

[74] 彭星、李斌：《不同类型环境规制下中国工业绿色转型问题研究》，载《财经研究》2016年第7期。

[75] ［美］乔纳森·M. 哈里斯、布瑞恩·罗奇：《环境与自然资源经济学——现代方法》，孙星译，上海财经大学出版社2017年版。

[76] ［美］乔治·J. 施蒂格勒：《产业组织与政府管制》，潘振民译，上海三联书店1989年版。

[77] 曲格平：《中国环境问题及对策》，中国环境科学出版社1989年版。

[78] ［法］让·雅克·拉丰、大卫·马赫蒂摩：《激励理论（第一

卷）：委托—代理模型》，陈志俊、李艳、单萍萍译，中国人民大学出版社 2002 年版。

[79]［法］让—雅克·拉丰、让·梯若尔：《政府采购与规制中的激励理论》，石磊、王永钦译，格致出版社：上海人民出版社 2014 年版。

[80] 沈坤荣、金刚、方娴：《环境规制引起了污染就近转移吗？》，载《经济研究》2017 年第 5 期。

[81] 沈满洪：《论环境经济手段》，载《经济研究》1997 年第 10 期。

[82] 沈能：《环境效率、行业异质性与最优规制强度——中国工业行业面板数据的非线性检验》，载《中国工业经济》2012 年第 3 期。

[83] 盛昭翰、朱乔、吴广谋：《DEA 理论、方法与应用》，科学出版社 1996 年版。

[84] 史贝贝、冯晨、张妍等：《环境规制红利的边际递增效应》，载《中国工业经济》2017 年第 12 期。

[85]［美］斯蒂格利茨：《政府为什么干预经济：政府在市场经济中的角色》，郑秉文译，中国物资出版社 1998 年版。

[86] 宋英杰：《基于成本收益分析的环境规制工具选择》，载《广东工业大学学报（社会科学版）》2006 年第 1 期。

[87] 苏睿先：《环境规制、环境要素禀赋与污染产业转移》，天津财经大学博士论文，2016 年。

[88] 苏晓红：《我国政府规制体系改革问题研究》，中国社会科学出版社 2017 年版。

[89] 孙烨、孙立阳、廉洁：《企业所有制性质与规模对环境信息披露的影响分析——来自上市公司的经验证据》，载《社会科学战线》2009 年第 2 期。

[90] 孙铮、李增泉、王景斌：《所有制性质、会计信息与债务契约——来自我国上市公司的经验证据》，载《管理世界》2006 年第 10 期。

[91] 汤韵、梁若冰：《两控区政策与二氧化硫减排——基于倍差法的经验研究》，载《山西财经大学学报》2012 年第 6 期。

[92] 田焱、杨启智：《民营企业产权制度改革的相关认识》，载《经济体制改革》2005 年第 5 期。

[93] 童伟伟、张建民：《环境规制能促进技术创新吗——基于中国制造业企业数据的再检验》，载《财经科学》2012 年第 11 期。

[94] 汪海凤、白雪洁、李爽：《环境规制、不确定性与企业的短期化投资偏向——基于环境规制工具异质性的比较分析》，载《财贸研究》2018 年第 12 期。

[95] 王爱兰：《论政府环境规制与企业竞争力的提升——基于"波特假设"理论验证的影响因素分析》，载《天津大学学报（社会科学版）》2008 年第 5 期。

[96] 王国印、王动：《波特假说、环境规制与企业技术创新：对中东部地区的比较分析》，载《中国软科学》2011 年第 1 期。

[97] 王红梅：《中国环境规制政策工具的比较与选择——基于贝叶斯模型平均（BMA）方法的实证研究》，载《中国人口·资源与环境》2016 年第 9 期。

[98] 王杰、刘斌：《环境规制与企业全要素生产率——基于中国工业企业数据的经验分析》，载《中国工业经济》2014 年第 3 期。

[99] 王杰、孙学敏：《环境规制对中国企业生产率分布的影响研究》，载《当代经济科学》2015 年第 3 期。

[100] 王俊豪：《管制经济学原理》，高等教育出版社 2014 年版。

[101] 王俊豪：《政府管制经济学导论——基本理论及其在政府管制实践中的应用》，商务印书馆 2001 年版。

[102] 王永进、盛丹：《政治关联与企业的契约实施环境》，载《经济学（季刊）》2012 年第 4 期。

[103] 魏权龄：《评价相对有效性的 DEA 方法——运筹学的新领域》，中国人民大学出版社 1988 年版。

[104] 吴琼、邵稚权：《我国环境污染强制责任保险的法律制度困

境及完善路径》，载《南方金融》2020 年第 2 期。

　　［105］吴文锋、吴冲锋、刘晓薇：《中国民营上市公司高管的政府背景与公司价值》，载《经济研究》2008 年第 7 期。

　　［106］吴延兵：《国有企业双重效率损失研究》，载《经济研究》2012 年第 3 期。

　　［107］吴育华、卢静：《城市环境保护工作效率评价》，载《天津大学学报（社会科学版）》2006 年第 4 期。

　　［108］《五部门联合发布公民生态环境十条行为规范》，载《环境教育》2018 年第 6 期。

　　［109］伍世安：《改革和完善我国排污收费制度的探讨》，载《财贸经济》2007 年第 8 期。

　　［110］习近平：《决胜全面建成小康社会夺取新时代中国特色社会主义伟大胜利——在中国共产党第十九次全国代表大会上的报告》，人民出版社 2017 年版。

　　［111］［美］小贾尔斯·伯吉斯：《管制和反垄断经济学》，冯金华译，上海财经大学出版社 2003 年版。

　　［112］肖国兴：《论中国资源环境产权制度的架构》，载《环境保护》2000 年第 11 期。

　　［113］肖兴志、李少林：《环境规制对产业升级路径的动态影响研究》，载《经济理论与经济管理》2013 年第 6 期。

　　［114］肖作平、黄璜：《媒体监督、所有制性质和权益资本成本》，载《证券市场导报》2013 年第 12 期。

　　［115］谢地、景玉琴：《我国政府规制体制改革及政策选择》，载《吉林大学社会科学学报》2003 年第 3 期。

　　［116］谢双玉、胡静、许英杰等：《企业环境绩效评价模型的构建及其检验》，载《中国环境科学》2008 年第 12 期。

　　［117］邢菁：《基于模糊综合评价分析的企业环境会计绩效评价研究》，载《长治学院学报》2016 年第 5 期。

　　［118］徐嵩龄：《论环境产业对国民经济的带动作用——发达国家

的历史经验与中国的政策选择》，载《管理世界》1999 年第 5 期。

[119] 徐祥民、田其云：《环境权：环境法学的基础研究》，北京大学出版社 2004 年版。

[120] 徐彦坤、祁毓：《环境规制对企业生产率影响再评估及机制检验》，载《财贸经济》2017 年第 6 期。

[121] 许崇正等：《民营经济发展与制度环境》，中国经济出版社 2008 年版。

[122] 许冬兰、董博：《环境规制对技术效率和生产力损失的影响分析》，载《中国人口·资源与环境》2009 年第 6 期。

[123] 许年行、江轩宇、伊志宏、清波：《政治关联影响投资者法律保护的执法效率吗?》，载《经济学（季刊）》2013 年第 2 期。

[124] 杨帆、周沂、贺灿飞：《产业组织、产业集聚与中国制造业产业污染》，载《北京大学学报（自然科学版)》2016 年第 3 期。

[125] 杨竟萌、王立国：《我国环境保护投资效率问题研究》，载《当代财经》2009 年第 9 期。

[126] 杨水利：《国有企业经营者激励与监督机制》，科学出版社 2011 年版。

[127] 姚修杰：《习近平生态文明思想的理论内涵与时代价值》，载《理论探讨》2020 年第 2 期。

[128] 应焕红：《浙江民营企业产权制度研究》，载《中国软科学》2001 年第 12 期。

[129] 尤济红、高志刚：《政府环境规制对能源效率影响的实证研究——以新疆为例》，载《资源科学》2013 年第 6 期。

[130] 于文超：《官员政绩诉求、环境规制与企业生产效率》，西南财经大学博士论文，2013 年。

[131] 袁清林：《中国环境保护史话》，中国环境科学出版社 1990 年版。

[132] 翟柱玉：《环境规制与企业创新》，社会科学文献出版社 2019 年版。

[133] 张各兴、夏大慰：《所有权结构、环境规制与中国发电行业的效率——基于 2003—2009 年 30 个省级面板数据的分析》，载《中国工业经济》2011 年第 6 期。

[134] 张红凤、张细松：《环境规制理论研究》，北京大学出版社 2012 年版。

[135] 张红凤、周峰、杨慧、郭庆：《环境保护与经济发展双赢的规制绩效实证分析》，载《经济研究》2009 年第 3 期。

[136] 张建君、张志学：《中国民营企业家的政治战略》，载《管理世界》2005 年第 7 期。

[137] 张坤民：《中国环境保护行政二十年》，中国环境科学出版社 1994 年版。

[138] 张嫚：《环境规制约束下的企业行为》，经济科学出版社 2006 年版。

[139] 张平、张鹏鹏、蔡国庆：《不同类型环境规制对企业技术创新影响比较研究》，载《中国人口·资源与环境》2016 年第 4 期。

[140] 张三峰、卜茂亮：《环境规制、环保投入与中国企业生产率——基于中国企业问卷数据的实证研究》，载《南开经济研究》2011 年第 2 期。

[141] 张同斌：《提高环境规制强度能否"利当前"并"惠长远"》，载《财贸经济》2017 年第 3 期。

[142] 张维迎：《博弈论与信息经济学》，格致出版社，上海人民出版社 2012 年版。

[143] 张维迎：《企业理论与中国企业改革》，上海人民出版社 2014 年版。

[144] 张文魁：《混合所有制的公司治理与公司业绩》，清华大学出版社 2015 年版。

[145] 赵玉民、朱方明、贺立龙：《环境规制的界定、分类与演进研究》，载《中国人口·资源与环境》2009 年第 6 期。

[146] 郑方辉、李文彬：《我国环保政策绩效评价及其利益格局》，

载《学术研究》2007 年第 9 期。

[147][日]植草益:《微观管制经济学》,朱绍文等译,中国发展出版社 1992 年版。

[148]《中共中央关于全面深化改革若干重大问题的决定(2013 年 11 月 12 日中国共产党第十八届中央委员会第三次全体会议通过)》,载《求是》2013 年第 22 期。

[149] 中国共产党第十九届中央委员会:《十九届四中全会公报要点摘编》,载《理论与当代》2019 年第 11 期。

[150] 钟宏武:《企业捐赠作用的综合解析》,载《中国工业经济》2007 年第 2 期。

[151] 钟茂初、姜楠:《政府环境规制内生性的再检验》,载《中国人口·资源与环境》2017 年第 12 期。

[152] 周黎安:《晋升博弈中政府官员的激励与合作——兼论我国地方保护主义和重复建设问题长期存在的原因》,载《经济研究》2004 年第 6 期。

[153] 周林彬、李胜兰:《我国民营企业产权法律保护思路刍议——一种法律经济学的观点》,载《制度经济学研究》2003 年第 2 期。

[154] 周灵:《经济发展方式转变视角下的环境规制研究》,载《生态经济》2014 年第 8 期。

[155] 周肖肖、丰超、胡莹等:《环境规制与化石能源消耗——技术进步和结构变迁视角》,载《中国人口·资源与环境》2015 年第 12 期。

[156] Adhikari A, Derashid C, Zhang H. Public policy, political connections, and effective tax rates: Longitudinal evidence from Malaysia [J]. *Journal of Accounting and Public Policy*, 2006, 25 (5): 0 – 595.

[157] Albrizio S, Luk T, Zipperer V. Environmental policies and productivity growth: evidence across industries and firms [J]. *Journal of Environmental Economics and Management*, 2016.

[158] Ambec S et al. , The Porter Hypothesis at 20: Can Environmental Regulation Enhance Innovation and Competitiveness [J]. *Resources for the Future Discussion Paper*, 2011: 1 – 11.

[159] Anne O, Krueger. The Political Economy of the Rent-Seeking Society [J]. *The American Economic Review*, 1974.

[160] AnsKolk, Rob T. International business, corporate social responsibility and sustainable development [J]. *International Business Review*, 2009, 19 (2).

[161] Anthony G. Environmental regulation by private contest [J]. *Journal of Public Economics*, 1997, 63 (3).

[162] Arik L. Environmental regulations and manufacturers' location choices: Evidence from the Census of Manufactures [J]. *Journal of Public Economics*, 1996, 62 (1).

[163] Arrett S. Environmental Regulation for Competitive Advantage [J]. *Business Strategy Review*, 1991, 2 (1): 1 – 55.

[164] Asim K and Atif M. Do Lenders Favor Politically Connected Firms? Rent Provision in an Emerging Financial Market [J]. *The Quarterly Journal of Economics*, 2005, 120 (4): 1371 – 1411.

[165] Baron D. Business and Its Environment [J]. *2nd edition. Prentice-Hall*, Inc, 1996.

[166] Batabyal A. Leading issues in domestic environmental regulation: a review essay [J]. *Ecological Economics*, 1995, 12 (1): 23 – 39.

[167] Baumol W J and Oates W E. *The Theory of Environmental Policy*. 2nd Edition [C]. Cambridge University Press, Cambridge, 1988.

[168] Becker R A. Local Environmental Regulation and Plant-Level Productivity [J]. *Ecological Economics*, 2011, 70 (12): 2516 – 2522.

[169] Bellas C P, Skourtos M S. Environmental Regulation and Costs of Information: Some Indications from Greek Industry [J]. *Journal of Environmental Management*, 1996, 47 (3).

［170］Benhong P, Yu T, Ehsan E, Guo W. Extended Producer Responsibility and corporate performance: Effects of environmental regulation and environmental strategy ［J］. *Journal of Environmental Management*, 2018: 218.

［171］Benoit L, Rilstoneb P. Environmental Inspections and Emissions of the Pulp and Paper Industry in Quebec ［J］. *Journal of Environmental Economics and Management*, 1996, 31（1）: 19 – 36.

［172］Berman E, Bui L. Environmental regulation and productivity: evidence from oil refineries ［J］. *Review of Economics & Statistics*, 2001, 83（3）: 498 – 510.

［173］Bocher M. A theoretical framework for explaining the choice of instruments in environmental policy ［J］. *Forest Policy and Economics*, 2012, 16（0）: 0 – 22.

［174］Brunnermeier S B, Cohen M A. Determinants of Environmental Innovation in US Manufacturing Industries ［J］. *Journal of Environmental Economics and Management*, 2003, 45: 278 – 293.

［175］Cai B F, Wang J, Jie H, Geng Y. Evaluating CO_2 emission performance in China's cement industry: An enterprise perspective ［J］. *Applied Energy*, 2016, 166.

［176］Charles D K. Environmental Economics ［C］; *Oxford University Press*, 1999.

［177］Chintrakarn P. Environmental regulation and U. S. states' technical inefficiency ［J］. *Economics Letters*, 2008, 100（3）: 363 – 365.

［178］Christainsen G B, Haveman R H. The contribution of environmental regulations to the slowdown in productivity growth ［J］. *Journal of Environmental Economics & Management*, 1981, 8（4）: 0 – 390.

［179］Deng H et al. , Strategic Interaction in Spending on Environmental Protection: Spatial Evidence from Chinese Cities ［J］. *China & World Economy*, 2012, 20（5）: 103 – 120.

［180］ Dension, Dean R. Laser induced dissociative chemical gas phase processing of workpieces ［J］. *Berkeleyca Uslos Gatosca Us*, 1981.

［181］ Domazlicky B R, Weber WL. Does Environmental Protection Lead to Slower Productivity Growth in the Chemical Industry? ［J］. *Environmental and Resource Economics*, 2004, 28: 301 –324.

［182］ Dong-M K, Min-Seok Seo, Yong-Chil Seo. A study of compliance with environmental regulations of ISO 14001 certified companies in Korea ［J］. *Journal of Environmental Management*, 2002, 65 (4).

［183］ Dyckhoff H, Allen K. Measuring ecological efficiency with data envelopment analysis (DEA) ［J］. *European Journal of Operational Research*, 2001, 132 (2): 312 –325.

［184］ Earnhart D, Lizal L. Direct and Indirect Effects of Ownership on Firm level Environmental Performance ［J］. *Eastern European Economics*, 2007, 45 (4): 66 –87.

［185］ Ebru A, Steven B, Joe K. Productivity Growth and Environmental Regulation in Mexican and U. S. Food Manufacturing ［J］. *American Journal of Agricultural Economics*, 2002, 84 (4): 887 –901.

［186］ Elgin C, Mazhar U. Environmental Regulation, Pollution and the Informal Economy ［J］. *Working Papers*, 2012, 248 (5): 645 –656.

［187］ Faccio M. Politically connected firms ［J］. *American Economic Review*, 2006, 96 (1): 369 –386.

［188］ Fan J, Wong T J, Zhang T. Politically Connected CEOs, Corporate Governance, and Post-IPO Performance of China's newly Partially Privatized Firms ［J］. *Journal of Financial Econom-ics*, 2007, 84: 265 –590.

［189］ Fisman R. Estimating the value of political connections ［J］. *American Economic Review*, 2001, 91 (4): 1095 –1102.

［190］ Ford J A, Steen J, Verreynne M L. How Environmental Regulations Affect Innovation in the Australian Oil and Gas Industry: Going Beyond the Porter Hypothesis ［J］. *Journal of Cleaner Production*, 2014, 84: 204 –

213.

[191] Francesco T, Fabio I, Marco F. The effect of environmental regulation on firms' competitive performance: The case of the building & construction sector in some EU regions [J]. *Journal of Environmental Management*, 2011, 92 (9).

[192] Francisco J. García R, José L G R, Carlos C G, Silvério A. Major. Corporate Social Responsibility of Oil Companies in Developing Countries: From Altruism to Business Strategy [J]. *Corporate Social Responsibility and Environmental Management*, 2013, 20 (6).

[193] Gloria E, Helfand P B, Tim M. Chapter 6-The Theory of Pollution Policy [J], *Handbook of Environmental Economics*, 2003, 1: 249 – 303.

[194] Greenstone M, List J A, Syverson C. The Effects of Environmental Regulation on the Competitiveness of U. S. Manufacturing [J]. *American Economic Review*, 2012, 93 (2): 431 –435.

[195] Greenstone M. The Impacts of Environmental Regulation on Industrial Activity: Evidence from the 1970 and 1977 Clean Air Act Amendments and the Census of Manufactures [J], *Journal of Political Economy*, 2002, 110 (6): 1175 – 1219.

[196] Gregmar I. Galinato, Hayley H. Chouinard. Strategic interaction and institutional quality determinants of environmental regulations [J]. *Resource and Energy Economics*, 2018, 53.

[197] Hamamoto M. Environmental regulation and the productivity of Japanese manufacturing industries [J]. *Resources and Energy*, 2006, 28: 299 – 312.

[198] Hart R. Growth, environment and innovation-a model with production vintages and environmentally oriented research [J]. *Environment Manage*, 2004, 48: 1078 – 1098.

[199] Heather L E. Public Complaints and Alberta's Environmental

Regulation [J]. *Topics in Economic Analysis & Policy*, 2011, 6 (1).

[200] Helfand, Berck and Maull. Environmental Degradation and Institutional Responses. The Theory of Pollution Policy. *Handbook of Environmental Economics*, 2003 (1): 249 – 303.

[201] Hisham E, Gihan, Sherif K. The response of industry to environmental regulations in Alexandria, Egypt [J]. *Journal of Environmental Management*, 2005, 79 (2).

[202] Hoel M, Karp L. Taxes and Quotas for a Stock Pollutant with Multiplicative Uncertainty [J]. *Working Papers*, 1999, 82 (1): 91 – 114.

[203] Hua W, David W. Equilibrium Pollution and Economic Development in China. *Environment and Development Economics*, 2003, (8): 451 – 466.

[204] Jaffe A B, Palmer K. Environmental Regulation and Innovation: A Panel Data Study [J]. *Review of Economics and Statistics*, 1997, 79 (4): 610 – 619.

[205] Jaffe A B, StavinsR N. Dynamic Incentives of Environmental Regulations: The Effects of Alternative Policy Instruments on Technology Diffusion [J]. *Journal of Environmental Economics and Management*, 1995, (29): 43 – 63.

[206] Jan P. What shapes the impact of environmental regulation on competitiveness? Evidence from Executive Opinion Surveys [J]. *Environmental Innovation and Societal Transitions*, 2014, 10.

[207] Jiang L, Lin C, Lin P. The determinants of pollution levels: Firm-evel evidence from Chinese manufacturing [J]. *Journal of Comparative Economics*, 2014, 42 (1): 118 – 142.

[208] Jorgenson D W, Wilcoxen P J. Intertemporal general equilibrium modeling of U. S. environmental regulation [J]. *Journal of Policy Modeling*, 1990, 12 (4): 715 – 744.

[209] Jorge R, Chang H. Environmental Regulations and Multinational Corporations' Foreign Market Entry Investments [J]. *Policy Studies Journal*,

2013, 41 (2).

[210] Kahn A E. The Economics of Regulation: Principles and Institutions [C]. *New York: New York Wliey Press*, 1970, 2.

[211] Kahn A E. The Economics of Regulation: Principles and Institution [C]. *New York: Wiley*, 1970, 20

[212] Katherine R X, Jone L. Pearce. Guanxi: Connections as Substitutes for Formal Institutional Support [J]. *The Academy of Management Journal*, 1996, 39 (6).

[213] Kneller R and Manderson E. Environmental regulations and innovation activity in UK manufacturing industries [J]. *Resource and Energy Economics*, 2012, 34 (2): 211 –235.

[214] Koch C J, Leone R A. Clean Water Act: Unexpected Impacts on Industry [J]. *Harv. envtl. l. rev*, 1979.

[215] Krueger A O. The political economy of the rent-seeking society [J]. *American Economic Review*, 1974, 64 (3): 291 –303.

[216] Kwerel E. To Tell the Truth: Imperfect Information and Optimal Pollution Control [J]. *The Review of Economic Studies.* 1977, 44 (3): 595 –601.

[217] Lee M D P. Does Ownership Form Matter for Corporate Social Responsibility? A Longitudinal Comparison of Environmental Performance Between Public, Private, and Joint-venture Firms [J]. *Business & Society Review*, 2010, 114 (4): 435 –456.

[218] Leiter A, Parolini A, Winner H. Environmental regulation and investment: Evidence from European industry data [J]. *Ecological Economics*, 2010, 70 (4).

[219] Magat W A, Viscusi W K. Effectiveness of the EPA's Regulatory Enforcement: The Case of Industrial Effluent Standards [J]. *The Journal of Law and Economics*, 1990, 33 (2): 331 –360.

[220] Magat W A. Pollution control and technological advance: A dy-

namic model of the firm [J]. *Journal of Environmental Economics & Management*, 1978, 5 (1): 0 – 25.

[221] Manello, Alessandro. Productivity growth, environmental regulation and win-win opportunities: The case of chemical industry in Italy and Germany [J]. *European Journal of Operational Research*, 2017: S037722 1717302801.

[222] María D, López G, José F. Molina-Azorín, Enrique Claver-Cortés. The potential of environmental regulation to change managerial perception, environmental management, competitiveness and financial performance [J]. *Journal of Cleaner Production*, 2010, 18 (10).

[223] Matthew A C, Robert J R, Elliott K. Why the grass is not always greener: The competing effects of environmental regulations and factor intensities on US specialization [J]. *Ecological Economics*, 2004, 54 (1).

[224] Matthew A C, Rob J E. Do Environmental Regulations Cost Jobs? An Industry – Level Analysis of the UK [J]. *Journal of Economic Analysis & Policy*, 2011, 7 (1).

[225] Mestelman S. Production externalities and corrective subsidies: A general equilibrium analysis [J]. *Journal of Environmental Economics and Management*, 1982, 9 (2): 186 – 193.

[226] Moledina A A et al. Dynamic environmental policy with strategic firms: Prices versus quantities [J]. *Journal of Environmental Economics & Management*, 2003, 45 (2): 356 – 376.

[227] Murty M N and Kumar S, Win-win opportunities and environmental regulation: Testing of porter hypothesis for Indian manufacturing industries [J]. *Journal of Environmental Management*, 2003, 67 (2) 139 – 144.

[228] Myunghun L. Environmental regulations and market power: The case of the Korean manufacturing industries [J]. *Ecological Economics*, 2008, 68 (1).

[229] Oates W E and Strassmann D L. The use of effluent fees to regulate public sector sources of pollution An application of the niskanenmodel [J]. *Journal of Environmental Economics and Management*, 1978, 5 (3): 283 – 291.

[230] Paul L, Michel P, Richard L. Environmental regulation and productivity: Testing the porter hypothesis [J]. *Journal of Productivity Analysis*. 2008, 30: 121 – 128.

[231] Pedro S, Kristof D W, Rui C M. Regulatory structures and operational environment in the Portuguese waste sector [J]. *Waste Management*, 2010, 30 (6): 1130 – 1137.

[232] Peng M W, Heath P S. The Growth of the Firm in Planned Economies in Transition: Institutions, Organizations, and Strategic Choice [J]. *The Academy of Management Review*, 1996, 21 (2): 492 – 528.

[233] Peuckert J. What shapes the impact of environmental regulation on competitiveness? Evidence from executive opinion surveys [J]. *Environmental Innovation and Societal Transitions*, 2014, 10: 77 – 94.

[234] Pierre B. Environmental Regulation and Civil Liability Under Causal Uncertainty: An Empirical Study of the French Legal System [J]. *Review of Law & Economics*, 2013, 9 (2).

[235] Porter M A. America's Green Strategy [J]. *Scientific American*, 1991 (168): 264.

[236] Porter M E, Vander Linde C. Toward a new conception of the environment-competitiveness relationship [J]. *Journal of Economic Perspectives*, 1995, 9 (4): 97 – 118.

[237] Qing Y, Shinji K, Hidemichi F, Yuichiro Y. Do exogenous shocks better leverage the benefits of technological change in the staged elimination of differential environmental regulations? Evidence from China's cement industry before and after the 2008 Great Sichuan Earthquake [J]. *Journal of Cleaner Production*, 2017, 164.

［238］ Ramakrishnan R, Andrew B, Prithwiraj N, Luc M. Impact of environmental regulations on innovation and performance in the UK industrial sector ［J］. *Management Decision*, 2010, 48 (10).

［239］ Reinhard S, Lovell C A K, Thijssen G J. Environmental efficiency with multiple environmentally detrimental variables; estimated with SFA and DEA ［J］. *European Journal of Operational Research*, 2000, 121 (2): 287 – 303.

［240］ Ross S. The Economic Theory of Agency: The Principal's Problem ［J］. *American Economic Review*, 1973.

［241］ Rubashkina Y, Galeotti M, Verdolini E. Environmental regulation and competitiveness: Empirical evidence on the Porter Hypothesis from European manufacturing sectors ［J］. *Energy Policy*, 2015, 83: 288 – 300.

［242］ Sajit C D. Environmental Regulations Become Restriction or a Cause for Innovation-A Case Study of Toyota Prius and Nissan Leaf ［J］. *Procedia-Social and Behavioral Sciences*, 2015, 195.

［243］ Sarkis J, Weinrach J. Using data envelopment analysis to evaluate environmentally conscious waste treatment technology ［J］. *Journal of Cleaner Production*, 2001, 9 (5): 417 – 427.

［244］ Shephers W G and Wilcox C. *Public roward Business*, *Homewood* Ⅱ ［J］. *Irwin*, 1979.

［245］ Song J J, Wang L P. Research on the Effect of Environmental Regulation on the Competitiveness of Coal Enterprises in Henan Province ［J］. *Procedia Engineering*, 2011, 15.

［246］ Stigler G J. The Theory of Economic Regulation ［J］, *Bell Journal of Economics*, 1971, 2.

［247］ Supriti M, Damodar S. Salience and corporate responsibility towards natural environment and financial performance of Indian manufacturing firms ［J］. *Journal of Global Responsibility*, 2013, 4 (1).

［248］ Tanaka S. Environmental regulations on air pollution in China and their impact on infant mortality [J]. *Journal of Health Economics*, 2015, 42 (3): 90.

[249] Thomas W. Do Environmental Regulations Impede Economic Growth? A Case Study of the Metal Finishing Industry in the South Coast Basin of Southern California [J]. *Economic Development Quarterly*, 2009, 23 (4): 329 – 341.

[250] Vidya S P. Ownership and corporate social responsibility in Indian firms [J]. *Social Responsibility Journal*, 2017, 13 (4).

[251] Viscusi W, Kip V, John M, Harrington, Joseph E. Economics of Regulation and Antitrust [J]. *MIT*, 2005.

[252] Vishny S R W. Politicians and Firms [J]. *The Quarterly Journal of Economics*, 1994, 109 (4): 995 – 1025.

[253] Williamson O. *The mechanisms of govemance* [C], New York: oxford university press, 1996.

[254] Yana R, Marzio G, Elena V. Environmental regulation and competitiveness: Empirical evidence on the Porter Hypothesis from European manufacturing sectors [J]. *Energy Policy*, 2015, 83.

[255] Yan W, Neng S. Environmental regulation and environmental productivity: The case of China [J]. *Renewable and Sustainable Energy Reviews*, 2016, 62 (6): 758 – 766.

[256] Ying H, Lei L. Fighting corruption: A long-standing challenge for environmental regulation in China [J] . *Environmental Development*, 2014, 12.

[257] Yi Z, Shengjun Z, Canfei H. How do environmental regulations affect industrial dynamics? Evidence from China's pollution-intensive industries [J]. *Habitat International*, 2017, 60.

[258] Yousen W, Yiwen B, Hao X. Water use efficiency and related pollutants' abatement costs of regional industrial systems in China: A slacks-based measure approach [J]. *Journal of Cleaner Production*, 2015, 101.

［259］ Yu H, Yuxin D, Zhi N L, Hao C. Is environmental regulation effective in China? Evidence from city-level panel data ［J］. *Journal of Cleaner Production*, 2018, 188.

［260］ Zhonghua C, Lianshui Li, Jun Liu. The emissions reduction effect and technical progress effect of environmental regulation policy tools ［J］. *Journal of Cleaner Production*, 2017, 149.

［261］ Zofio J L, Prieto A M. Environmental efficiency and regulatory standards: The case of CO_2 emissions from OECD industries ［J］. *Resource and Energy Economics*, 2001, 23 (1): 63 – 83.

N